# 모차르트는 여성이었다

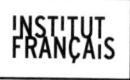

Cet ouvrage a bénéficié du soutien des Programmes d'aide à la publication de l'Institut français.
이 책은 프랑스 해외문화진흥원의 출판번역지원프로그램의 도움을 받아 출간되었습니다.

# 모차르트는 여성이었다

알리에트 드 라뢰 Aliette de Laleu 지음

김계영·고광식 옮김 + 송은혜 감수

## 여성의 이름으로 다시 쓰는 클래식 음악사

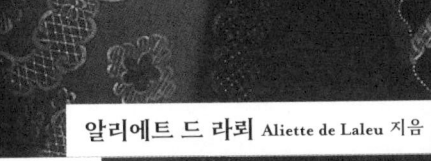

MOZART *était une* FEMME

레모

# 차례

# 한국의 독자들에게

저는 어려서부터 늘 클래식 음악과 함께했습니다. 하지만 제가 듣고 있는 음악을 전부 남성들이 작곡했다는 사실, 제가 어떤 여성 작곡가의 곡도 들어 보지 못했다는 사실을 깨닫는 데는 시간이 걸렸습니다. 이를 깨닫고 나자 마치 새로운 것을 발견한 느낌이었어요. 저는 지금까지 알려지지 않은 레퍼토리를 발견했을 뿐만 아니라 음악사의 일부도 알게 되었죠. 처음으로 제 마음을 울린 음악은 클라라 슈만의 피아노 협주곡이었습니다. 이토록 멋진 음악을 들으면서 저는 대중을 비롯해 여러 음악 애호가와 예술가가, 많은 관심을 기울여도 좋을 특별한 음악가들을 놓치고 있다는 생각이 들었어요.

여성 작곡가들의 음악을 듣고 그들의 이야기를 알아 갈수록 그들이 우리 기억 속에서 얼마나 잊혔는지를 깨달았습니다. 이 책 『모차르트는 여성이었다』는 여성 음악가들이 역사에서 정당한 자리를 차지하도록 하는 것을 목표로 합니다. 이 한 권에 여성 음악가들을 전부 다룰 수는 없었습니다. 하지만 가능한 한 많은 시기의 음악가들을 아우르고자 노력했습니다. 고대에서 현대에 이르기까지, 중세의 수녀 힐데가르트 폰 빙겐, 영국의 (여성) 참정권 운동가이기도 했던 에설 스미스를 비롯해 자신의 영역에서 선구자적인 역할을 한 작곡가, 최초의 여성 지휘자, 교육자, 예술 후원자 등, 음악에서 여성들이 수행한 다양한 역할을 최대한 이야기하고자 했습니다.

한국 독자들이 이 책을 통해 기존에 알려진 클래식 음악사와는 다른 새로운 이야기들을 발견할 수 있기를 진심으로 바랍니다. 그리고 수 세기에 걸친 억압으로 부당하게 잊히고 지워진 여성들의 작품과 삶에 대한 저의 애정이 여러분 모두에게 전해지기를 바랍니다.

# 서론

아니다. 모차르트는 여성이 아니었다. 아무튼 작곡가 모차르트는 클래식 음악계에서 가장 잘 알려진 이미지, 피아노의 전신인 하프시코드 앞에 가발을 쓰고 앉은 백인 남성, 비범한 신동, 약간 미친 천재, 시간을 초월한 걸작들의 창작자 등등의 이미지를 구현한다. 하지만 마리아 안나 모차르트라는 여성은 그의 그림자 속에 살았다. 동생처럼 뛰어난 음악가였던 안나는 결혼 생활에 전념해야 해서 음악계에서 멀어졌다. 누구도 안나의 이름을 기억해 주지 않았다. 심지어 「마술피리」 작곡가의 삶을 추적한 밀로시 포르만Milos Forman 감독의 영화 「아마데우스」에조차 모차르트의 누이는 존재하지 않는다. 영화에서는 신동이 건반 앞에서 혼자 연주하고 있지만, 실제로는 마리아 안나 모차르트가 항상 그의 곁에 있었다. 안나는 무대에서 사라지기 전까지 동생과 마찬가지로 음악적 재능으로 찬사를 받았으나, 침묵에 망각까지 더해져 책과 영화 그리고 역사에서까지 자취를 감추었다.

모차르트는 여성이기도 하다. 슈만Schuman, 멘델스존 Mendelssohn, 말러Malhler 혹은 바흐Bach도 마찬가지로 여성이다. 비록 이런 이름들을 들으면 우리 머릿속에서 남성이 떠오른다고 해도 그렇다. 클래식 음악 세계는 남성들의 전유물처럼 보인다. 남성은 음반에 수록된 걸작들의 작곡가로, 축제나 콘서트의 프로그램 목록에서 가장 중요한 위치를 차지한다. 세상에서 가장 많이 연주되는 오페라 열 곡의 작곡가도 모두 남성이다. 한 남성이 손에 지휘봉을 들고 오케스트라 앞에 서 있다. 남성 전문가들은 클래식 음악에 관해 이야기하고, 클래식 음악을 분석하고 비평한다. 클래식 음악을 이야기할 때, 우리는 어떤 이야기를 하는가? 바로 남자들에 대한 이야기를 한다.

여기까지만 이야기해도 클래식 음악은 항상 남성이 고안하고 창작했으며, 남성에게 귀속되어 있다고 말할 수 있을 것이다. 물론 항상 똑같은 이야기를 들을 때 더 안심되기 마련이다. 마치 밤이면 아이가 가장 좋아하는 자장가를 불러주듯. 우리는 이미 알고 있는 것을 선호한다. 그러나 미지의 세계로 모험을 떠나면 클래식 음악을 훨씬 더 풍요롭게 해석할 수 있다. 수십 년 동안 다른 이야기, 바로 여성 이야기의 등장을 가로막았던 우리의 생각을 뒤엎을 때가 왔다.

이 책은 그 이야기를 하는 것이 목표이다. 남성들의 이야기를 축소하기 위한 것이 아니라 또 다른 측면을 존재하게 하고, 균형을 회복하고, 알려지고 인정받을 가치가 있는 이야기들을 정당하게 평가하기 위해서다. 각 시대와 나라마다 대담하거나 소극적인 여성, 호전적이거나 운이 좋은 여성, 후작 부인, 아내, 누이, 고아, 수녀, 디바, 포로, 독실하거나 매혹적인 여성이 클래식 음악의 한자리를 차지했었다. 이 놀라운 인물들의 운명을 발견할 수 있는데, 언제까지 베토벤의 전기만 쓰고 있을 것인가? 엘리자베트 자케 드 라 게르Elisabeth Jacquet de La Guerre는 하프시코드 연주에 혁신을 가져왔고, 폴린 비아르도Pauline Viardot와 같은 여성은 음악이 살아 숨 쉬는 공간을 만들었다. 이 책의 페이지를 넘기면서 이들을 만나게 될 것이다. 이들 역시 클래식 음악이 오늘날의 모습을 갖추는 데에 공헌했다.

얼마나 많은 마리아 안나 모차르트가 여성이라는 이유로 재능이나 예술성을 발휘하지 못했을까? 얼마나 많은 마리아 안나 모차르트가 음악계에서 배제되었을까? 얼마나 많은 마리아 안나 모차르트가 온갖 장벽을 뚫고 길을 개척해 냈음에도, 결국 망각 속에 묻혔을까? 이 책은 그런 여성의 수를 전부 헤아리기 위해서가 아니라(모든 이를 망라하는 이야기를 쓰려면 훨씬 더 많은 지면이 필요할 것이다), 고대에서 바로크, 고전주의, 낭만주의, 근대를 거처 오늘날에 이르기까지 각 시대에 여성들이 단지 뮤즈만은 아니었으며 늘 그곳에 존재했다는 사실을 상기하는 데 목적이 있다. 실제로 오늘날에도 사람들은 계속해서 여성들에게 뮤즈의 이미지를 투영한다. 즉 클래식 음악사에서 언급되는 영예를 얻은 여성들은 단지 남성 천재에게 영감을 불어넣어 준 사람들 뿐이다.

위대한 작곡가의 부인이나 누이의 운명에 주의를 기울이면, 그것이 완전히 틀린 것은 아닐지도 모른다. 예를 들어 클라라 슈만Clara Schumann, 파니 멘델스존Fanny Mendelssohn, 알마 말러Alma Mahler 같은 여성들의 이름이 대중에게 알려지기 시작했다. 그렇다고 해서 이들의 운명이 여성 창작자들의 이야기를 대변하는 것은 아니다. 영국의 작곡가 에설 스미스Ethel Smyth 같은 몇몇 창작자는 남성의 후원에서 해방되었다. 프랑세즈 루이즈 파렝Française Louise Farrenc 같이 심지어 결혼을 하거나 아이를 둔 이들이 작곡을 삶의 중심에 두고 살았다. 음악이 직업이었던 여성 창작자는 말할 필요도 없다. 이 책에서는 가수, 연주자, 후원자, 교육자, 필사가, 교수, 오케스트라 설립자, 지휘자로 활동한 여성들도 빼놓지 않을 것이다.

음악계는 편견으로 고통받고 있는데, 이런 편견은 때로 과장되기도 했지만 대체로 사실로 확인되었다. 실제로 음악계는 얼마 안 되는 특권층, 즉 백인 남성이 주도하는 세계이며, 여성이 오랫동안 배제된, 보수적이며 전통적인 세계이다. 예를 들어 17세기 이탈리아 교회는, 여성이 무대 위에서 노래하는 것을 금지했다. 이는 악명 높은 신체 절단 관행으로 이어져 카스트라토의 탄생을 초래한다. 그로부터 2세기 후에는 어떤 악기들이 여성에게 더 이상 적절하지 않다고 했다. 악기들이 너무 정숙하지 못하다는 판결을 받았기 때문이다. 여성은 다리를 벌려 받치는 첼로와 입으로 부는 모든 관악기를 다룰 수 없게 되었다. 어떤 경우에는 1980년대까지 도덕적이고 미학적인 이유로, 말하자면 남성으로만 이루어진 오케스트라를 유지하기 위해 여성을 배제하기도 했다.

이런 금기에도 불구하고 여성은 어쨌든 예술가로 존재했다. 자기 작품을 연주할 수 있도록 남성적인 가명을 사용한 작곡가처럼, 때때로 전략이 필요했다. 20세기 초반에 이르러 여성이 이끄는, 여성으로만 이루어진 오케스트라가 탄생하는데, 이는 미래 세대의 여성 오케스트라 지휘자에게 영감을 주기도 한다. 여성 연주자들은, 첼로나 하프를 다리 사이에 끼우기보다 옆에 놓는 방식으로, 악기를 다르게 고정함으로써 자신에게 금지된 악기들을 연주하는 방법을 교묘히 찾아냈다. 이런 영웅들을 이야기하는 것은 곧 클래식 음악의 발전을 이야기하는 것과 같다. 18세기에 파리음악원Conservatoire de Paris의 피아노과 남성반 교수로 최초로 임명된 작곡가 엘렌 드 몽제루Hélène de Montgeroult와 20세기 초 피아노 천재 클라라 하스킬Clara Haskil의 운명을 교차해 보면 피아노가 여성 음악사에서 어떤 역할을 했는지 알 수 있다. 이 여성 피아니스트들이 권위 있는 레코드 회사에서 녹음한 위대한 솔리스트가 되었든, 당대의 영향력에도 불구하고 잊혔든, 19세기 부르주아 살롱에서 연주한 그저 그런 아마추어 피아니스트가 되었든.

수 세기에 걸친 여성의 지위 변화를 연구하다 보면, 그 역사가 얼마나 부침이 심하며 발전과 좌절을 겪었는지 이해하게 된다. 최초로 위업을 달성한 인물임에도 잊힌 여성 음악가들은 음악계의 롤러코스터 같은 역사를 보여 준다. 이는 피아니스트이자 낭만주의 작곡가인 클라라 슈만의 일기를 보면 확인할 수 있다. "내가 창작에 재능이 있다고 생각한 시절이 있었지만, 이제 나는 그 생각에서 깨어났다. 여성은 작곡을 할 줄 안다고 주장해서는 안 된다. 아직까지 그 어떤 여성도 작곡을 할 수 없었는데, 왜 나만 예외가 되겠는가?"

그럼에도 수 세기 전부터 이미 여성 작곡가가 존재한 것은 사실이고, 17세기 이후로 몇몇은 자신의 작업에 대해 돈을 받았다. 클라라 슈만보다 200년 전인 1619년에 베니스에서 태어난 바르바라 스트로치Barbara Strozzi는 네 아이를 둔 미혼모였는데 음악 활동으로 생활을 영위할 수 있었다. 여성 음악사는 바로크 시대 이탈리아와 더불어 혁명이 한창 진행 중이던 18세기 말 프랑스에서 사실상 황금시대를 맞았다. 여성 작곡가들은 오페라 세계를 장악하고 여성 가극 작가들에게 도움을 청하는데, 이렇게 반세기 동안 그들이 작곡한 50여 편의 오페라로 매우 여성적인 무대가 탄생한다. 이 수치는 오늘날 오페라 극장에서 상영되는 작품 수를 우습게 만든다.

그러나 이런 활동은 특히 나폴레옹 시대로 들어서며 곧바로 정체되었다. 그 시대의 규범은 여성을 '그들의 자리'에, 다시 말해 집으로, 아이들 옆으로 돌아가게 하는 것이었다. 이후 음악의 여성화라는 도약은 한 세기 후인 19세기 말과 20세기 초에 다시 나타났다. 릴리 불랑제Lili Boulanger는 작곡계의 권위 있는 상인 로마 그랑프리[+]를 수상하는 첫 번째 여성이 되며, 음악원의 몇몇 작곡 반은 남성과 거의 같은 수로 여성의 입학을 허가했다. 이 현상은 두 번의 대전 후에 중

---

[+] 로마 그랑프리(le Grand Prix de Rome)는 1663년 제정되었으며, 프랑스에서 예술을 공부하는 학생을 선발해 로마에서 공부할 수 있는 기회를 주는 상이다. 릴리 불랑제는 1913년 작곡가 부문에서 처음으로 대상을 받은 여성이다.

단된다. 국가의 인구를 늘리고, 트라우마를 치료하고, 가족
과 보살핌을 강조하는 사회 분위기에 따라 여성들은 사적
공간으로 보내졌다. 음악계에서 이는 세계 도처에서 번성했
던 여성의 오케스트라 참여 중단으로 나타났고, 여성은 남
성의 자리를 차지하지 않도록 오케스트라에서 배제되었다.
또한 여성 작곡가 지망생 수가 급락했는데, 이는 전례와 전
망이 부족하기 때문이기도 하지만, 자신들이 더 우월하다고
확신하는 보수적인 남성들의 세계에 들어가기가 어려웠기
때문이기도 하다. 이 엄청난 후퇴는 지난 수 세기 동안 활약
한 여성 선구자의 역사를 은폐한다. 그들은 음악 사전에서
잊혔다. 남성 천재들을 찬양하느라 여성 선구자들이 남긴
작품의 중요성이 간과되고 있다.

　서론을 마치기 전에 천재라는 개념에 대해 자문할 필요가
있다. 이 단어는 이미 여러 번 논의되었다. 대체 누가 천재를
결정하는가? 누가 바흐, 베토벤, 모차르트를 천재라고 규정
했나? 작품은 걸작으로 태어나는 것이 아니라 걸작이 되는
것이다. 천재는 천재로 태어나는 것이 아니라 천재가 되는
것이다. 20세기 초에 바흐의 「첼로 모음곡」을 어둠 속에서
꺼내 걸작으로 간주될 작품으로 만들겠다고 작정한 파블로
카살스Pablo Casals처럼, 때로는 스포트라이트를 비추는 것으
로 충분하다. 지휘자 데버라 월드먼Debora Waldman이 최근 찾

아낸 샤를로트 소이Charlotte Sohy의 교향곡은 오늘날 예술가들의 역할을 증명하고 있으며, 천재라는 개념에 의문을 제기한다. 천재 음악가나 천재 여성 지휘자가 망각 속에서 되살려질 때까지 얼마나 많은 작품이 발굴되기를 기다리고 있을까? 그때까지 우리는 아카이브를 뒤져 이름들을 다시 찾아내고, 또 다른 클래식 음악사, 여성 음악가의 역사를 전하는 연구자들의 귀한 작업에 의존해야 한다.

그런 세심한 작업이 없었다면 이 책은 존재하지 못했을 것이다. 여성 음악가가 수 세기 동안 남긴 발자취를 추적하는 데 여러 해를 보낸 이 헌신적인 영혼들이 없었다면 오늘날의 공연 프로그램에는 완전히 남성의 작품만 남아 있을 것이다. 이런 연구들이 없었다면 우리가 듣고 향유할 수 있는 음악의 스펙트럼이 더 빈약했을 것이다. 고대 그리스의 여성 시인이 작곡한 노래를 들을 수 있는 것보다 더 흥분되고 감동적인 것이 있을까? 이름과 이야기, 젠더 문제의 이면에서 중요한 것은 음악이고, 이 책을 지탱하고 있는 것 또한 음악이기에. 우리는 오랫동안 우리 자신에게서 음악을 부당하게 박탈해 왔다. 실제로 불의가 있었고 음악사에 길게 늘어선 오류를 이제는 수정할 시간이 되었다. 언젠가 이 여성들이 더 이상 잊히거나 지워지지 않고 신동, 천재, 시대를 초월한 걸작의 창조자로 인정받기를 바라는 마음으로, 이 책

을 통해 음악에서 여성들을 재평가하는 거대한 임무에 작은
힘을 보탠다.

## 선곡 목록에 대하여

각 장의 끝에는 이 책을 읽는 데 도움이 될 만한 음악 목록이 수록되어 있다. 이 선곡 목록은 다음 장에서 만날 음악가들과 더 가까워지게 해 줄 것이다. 이는 또한 오랫동안 지워진 여성 창작자들의 작품에 생명을 불어넣는 구체적인 방법이기도 하다. 고대 음악에서 바로크, 고전주의, 낭만주의 시대를 거쳐 20세기 음악까지 망라한 목록을 통해 음악 장르의 변천에 대해서도 살펴볼 수 있다. 목록에는 여성 작곡가들의 작품뿐만 아니라 자신의 자리를 지킨 훌륭한 여성 연주자들과 여성 가수들, 나아가 일부 남성 작곡가의 작품까지 포함된다.

즐겁게 읽고, 즐겁게 듣기를 바랍니다.

# 1

## 이름과
## 얼굴

역사상 최초의 여성 음악가들에게 어떻게 이름과 얼굴을 부여해야 할까? 선구자들이 존재하긴 할까? 작품의 극히 일부 흔적만 전해질 때는 어떻게 한 여성 예술가의 목소리나 연주를 평가할 것인가? 여성 작곡가들의 이름을 언급하고 그들의 음악을 듣는 것이 왜 그렇게 어려울까? 이 책에서는 이 여성들이 어느 정도까지 은폐되고 지워져 왔는지 보여 주고자 한다. 이 거대한 침묵 속에도 예외는 있다. 여성들이 처음부터 항상 거기에 있었다는 사실을 증명하는 이야기들이 있다. 어떤 이름은 수 세기를, 심지어 수천 년을 가로질러 우리에게 전달된다. 그렇다면 그것이 곧 역사가 되는 것 아닌가? 먼저 고대의 뛰어난 두 여성을 만나 볼 것이다. 고대의 예외적인 두 사람을 만나며 이 책을 시작해 보자.

# 사포,
# 뮤즈인가 창녀인가

프랑스어로 '음악'을 뜻하는 단어인 '뮈지크musique'는 그리스어에서 왔으며, 그 어원에 '뮤즈muse'라는 단어가 있다는 사실을 상기해야 할까? 그렇다면 플라톤이 '열 번째 뮤즈'라고 부른 시인이자 음악가인 사포Sappho부터 시작해야 하지 않을까? 사포는 음악이 시와 분리될 수 없는 시기인 기원전 600년 무렵, 그리스 에게해에 있는 레스보스Lesbos섬의 도시 미틸레네Mytilène⁺의 귀족 집안에서 태어났다.

그리스에서는 시를 낭송할 때 플루트, 리라 선율 또는 타악기 소리 반주를 곁들였다. 음악은 신들을 위해, 또 권력자는 물론 대중을 위해 도시 곳곳에 울려 퍼졌다. 그리스 비극에서는 남성 합창단이 동작을 가미해 극에 리듬을 부여했다. 어린이를 교육할 때도 음악은 체육, 무용 혹은 연극 같은 다른 과목과 동일하게 취급되었으며, 무엇보다 음악은 더 우월한 예술로 간주되었다. 시인들은 신들이 어떻게 세상을

+ 미틸리니의 옛 이름.

만들었는지 이야기했다. 음악과 시로 신들에게 축원을 올렸다. 우리는 신성한 예술을 이야기하고 있다. 사포는 그냥 그런 예술가는 아니다. 시인이자 음악가이며, 고대 사회에서 가장 존경받은 인물 중 하나로 꼽힌다.

사포의 작품 중 오늘날까지 전해지는 것은 음악 반주가 없는 텍스트 몇 개뿐이다. 사포가 쓴 책 아홉 권 중에서 시 일부와 온전한 시 두 편만 전해지는데, 그중 한 편이 바로 유명한 「아프로디테 찬가L'hymne (ou ode) à Aphrodite」이다. 이 작품은 수많은 번역본이 있는데 그중 프랑스어를 구사하는 영국 시인 러네이 비비언Renée Vivien의 번역이 사포의 예술을 훌륭하게 전달하고 있다. 비비언은 사포가 쓴 시의 형식을 존중해 번역했다. 11음절의 시행인 헨디커실러빅hendecasyllabic 3행 다음에 5음절 시행인 아도니스 시격adonic 1행이 이어진다. '1900년의 사포⁺'라고 불린 비비언은 사포의 출생지인 미틸리니에 집을 짓기까지 했다.

사포에 경탄해 온 비비언은 레즈비언이라는 사포의 또 다른 측면을 조명했다. 레즈비언이라는 단어가 사포의 고향 레스보스에서 나온 것은 우연이 아니다. 20세기 초 비비언

---

+ 1900년 즈음 프랑스에서는 여성 작가들이 두각을 나타내기 시작했는데, 그중 많은 이가 사포와의 연관성을 드러냈다. 러네이 비비언도 그런 작가 중 하나였는데, 당시 〈1900년대(Epoque 1900)〉라는 문학잡지에서 활발하게 활동하던 작가 앙드레 빌리(André Billy)비비언에게 붙여 준 별명이다.

은 여성을 향한 자신의 사랑을 당당히 주장하며, 욕망을 이
야기하는 사포의 야릇한 텍스트들로 동시대인의 시선을 끌
어당겼다. 고대 그리스에서 동성애는 특이한 자리를 차지했
다. 사실 당시에는 동성애란 단어는 존재하지 않았고, 오히
려 남색에 대해 이야기했다. 성인 남성이 어린 소년을 교육
과 도덕에 입문시켰는데, 그것이 때때로 성관계로 이어졌기
때문이다. 나이 든 여성들이 여자아이를 가르치는 학교도
존재했지만, 성관계가 있었는지는 분명하지 않다.

  사포의 텍스트에서 발화의 주체는 남성으로도 여성으로
도 볼 수 있었다. 그뿐 아니라 욕망, 결핍, 고통, 심지어 깊은
우정과 사랑 사이의 관계인 '필리아philia' 같은 열정적인 감
정을 불러일으키며 텍스트 속에 남녀 성별을 뒤섞어 놓았
다. 특히 사포는 일인칭 단수로 이야기했다. 사포는 시에서
일인칭을 즐겨 사용했다.

  내가 너를 본다, 내가 간청한다, 내가 느낀다, 내가 된다,
  내가 욕망한다.

  그 시들은 개인 노트에 남길 목적으로 쓴 것이 아니다. 시
인의 젊은 제자들이 그 시들을 읽고 낭송하고 공부했다.

사포가 이끈 학파인 티아수스thiase[+]는 '뮤즈들의 집'으로
도 불렸다. 여기에서 여성들이 음악, 무용, 노래, 연극 등을
배웠다. 무슨 목적이었을까? 그에 대해서는 다양한 분석이
있다. 젊은 여성들은 미래에 더 독립적인 여성이 되고자, 혹
은 더 모범적인 아내가 되려고, 혹은 몸과 마음의 아름다움
을 갖추기 위해 배웠다. 그리스 전통에서 티아수스는 신을
찬양하기 위해 만들어졌는데, 사포의 티아수스는 아프로디
테 여신을 찬양했다. 그들은 리라, 바르비토스barbitos (더 저
음이 나오는 대형 리라) 혹은 허벅지 위에 고정하는 소형 하
프인 펙티스pectis로 연주하는 음악이 동반되는 사포의 시를
노래하면서 아프로디테를 찬양했다. 사포의 시에는 이런 많
은 악기가 수반되었다. 각자 여성 음악가이자 무용수인 수
습생들은 욕망을 노래하면서, 그리고 '나je'를 말하면서, 사
포의 표현을 자신들의 이야기로 만들 수도 있었다. 비비언
이 번역한 「사랑하는 여성에 대한 송가」라는 열정적인 텍스
트에, 그 여성들이 멜로디를 붙이는 것을 상상해 보자.

그는 신들과 동등해 보이네요. 당신의 눈앞에 앉아 당신
의 달콤한 언어와 매력적인 웃음을 가까이서 듣고 있는

---

[+] 디오니소스의 사제단을 의미하기도 하고 신을 찬양하는 그룹을 의미하기도
한다. 여기서는 후자의 의미이다.

그 사람은 내 가슴속 깊은 곳에서 심장을 뛰게 하네요. 당
신을 보면, 한순간일지라도 말을 할 수 없고, 혀가 산산조
각 나고, 갑자기 미묘한 불길이 피부 아래에서 타오릅니
다. 눈은 더 이상 보지 못하고 귀는 윙윙거리며 땀으로 범
벅되고 온몸이 떨려 오네요. 나는 풀보다 창백하고, 거의
죽음과 같은 광기에 사로잡혀 있지만⋯ 모든 것을 감히
해야겠어요.

사포는 위대한 여성 이론가이기도 했다. 철학자 플루타르
코스는 저서 『음악에 대하여De la musique』에서 사포를 믹솔
리디언 선법mixolydian mode을 발명한 사람으로 언급했다. 고
대 음악은 한탄, 취기, 기쁨, 힘, 용기 등 그것이 불러일으키
는 것에 따라 다른 선법으로 작곡되었다. 각 선법은 명확
한 음계, 즉 특정 방식으로 연주되는 음의 연속을 따랐다.
도리언dorian, 프리지언phrygian, 히포도리언hypodorian, 리디
언lydian 등의 선법이 있다. 사포가 만든 믹솔리디언 선법은
슬픔, 비장함 또는 탄식을 표현했다.

　사포는 많은 철학자와 작가가 인용한, 가장 존경받는 고
대 예술가 중 한 사람이다. 고대 텍스트에서 사포의 이름과
작품은 100회 이상 언급되었다. 사포의 명성은 계속 이어졌
는데, 청송하는 쪽만 있는 것은 아니었다. 사포가 죽은 지 수

백 년이 지난 뒤 여성에 대한 사랑과 욕망, 열정을 불러일으키는 자유로운 시는 가부장제와 교회를 당혹스럽게 했다. 시인 오비디우스는 『사랑의 기술』에서 사포를 '음란한' 여성으로 언급했다.

재능은 인정하지만 부도덕한 품행을 보인 여성 예술가는 어떻게 기억될까? 사포는 둘로 나뉘어서 그의 캐릭터에 대한 신화가 만들어졌다. 사포는 결혼해서 아이도 있었을 것이고 또한 남성과 여성 연인도 있었을 것이다. 심지어 첫눈에 사랑에 빠진 신화도 만들어졌다. 사포는 대단한 외모로 유명한 파온Phaon을 보고 사랑에 빠졌지만, 파온이 사포에게 관심이 없었기에 이 불가능한 사랑으로 말미암아 사포는 바위 꼭대기에서 몸을 던졌다는 것이다. 당대 역사가들은 이 신화를 사실로 받아들였다. 사포에 대한 평가는 극명하게 분리되어, 한편에서는 아주 올바른 가정생활을 영위하는 유명한 시인이라 하고, 다른 한편에서는 악마 같은 창녀라고 한다. 사포를 창녀로만 본 것이 아니라, 창작자로도 인식해서 사포를 비난한, 부도덕한 품행을 이야기한 시들도 보존될 수 있었다.

그러나 전부 다 보존되지는 않았다. 사포의 시는 중세 시대에 다수 소실되었다. 오늘날까지 보존된 몇 안 되는 텍스트는 예술가들에게 고대 시의 가장 아름다운 페이지를 제공

하고, 그 음악을 재창조하고자 하는 음악인들에게 영감을
준다. 눈을 감고 그 음악을 들으면 우리는 2000년 전으로 빠
져든다. 현이 느슨한 기타처럼 들리는 '펙티스'와 같은 고대
악기들을 재구성해 보려고 한다. 이렇게 남겨진 필사본 속
에서 노랫소리가 중요한 위치를 차지하고 악기는 시를 반주
하기 위해서만 존재한다. 타악기로는 박자를 맞추고 선율
악기로는 노래를 중복한다. 레스보스섬에서 그리 멀지 않은
곳에서, 사포가 죽은 지 수백 년이 지난 후 또 다른 여성 음
악가가 이 노래들을 들었을 것이다.

# 카시엔,
# 콘스탄티노플의 반항아

부유하고 아름답고 교양 있는, 카시아Kassia라는 별칭으로
불린 콘스탄티노플의 카시엔은 테오필루스Théophile 황제
가 주최한 행사에 초대받았다. 황제가 미래의 아내를 찾기
위해 개최한 행사였다. 비잔틴 스타일로 치장한 '총각' 황제
의 외모에 대해서는 논평하지 않겠다. 연대기 작가인 시메
옹 르 로고테트Syméon le Logothète(10세기)는 이런 일화를 전
한다. 카시아의 '비할 데 없는 아름다움'은 황제에게 깊은 인
상을 주었고, 황제는 그녀에게 원죄를 언급하며 이렇게 말
했다. "아! 여자 때문에 우리에게 얼마나 많은 끔찍한 일이
일어났던가!" 카시엔은 동정녀 마리아를 암시하면서 이렇
게 반박했다. "그러나 마찬가지로 여성 덕분에 좋은 일이 일
어납니다." 판본에 따라 카시엔이 실제로 한 말은 조금 다를
수 있지만, 결혼해야 할 젊은 여성에게서 나온 말로는 좋은
말이 아니었을 것이다. 지역의 최고 권력자 앞에서 재치와
기지, 학식을 드러내는 것은 심기를 거스른다. 테오필루스

황제는 카시엔에게서 등을 돌리고 다른 여성에게 황금 사과를 건네는데, 그 여성이 황후 테오도라Théodora가 된다.

비잔티움에서 여자는 결혼하거나 수녀가 되었기 때문에, 콘스탄티노플의 카시엔은 황후가 아니라 헤구멘higoumène 즉 동방 정교회 수녀원장이 되었다. 아주 일찍부터 종교의 영향을 받은 카시엔은 수도원에서 찬송가와 시 등을 자유롭게 창작할 수 있었다. 사포의 원고와는 반대로, 카시엔의 음악 작품 원고들은 보존되었다. 오늘날 콘스탄티노플의 카시엔 음악은 사포의 음악보다 좀 더 충실하게 연주할 수 있다. 그러나 카시엔의 노래와 음악이 당시에 실제로 어떻게 연주되었는지, 그것을 연주한 예술가들이 얼마나 자유롭게 해석했는지는 상상하기 어렵다. 같은 멜로디라도 매우 다르게 연주할 수 있기 때문이다.

비잔틴 시대에 또 다른 여성 작곡가들이 존재했을까? 음악학자인 다이앤 툴리아토스Diane Touliatos는 그렇다고 말한다. 그러나 이 시기의 악보에는 대부분 직함이나 출신지만 적혀 있을 뿐, 서명을 한 경우는 거의 없다. 음악가 집안 출신들만이 이름을 적었다. 예를 들어 콘스탄티노플에서 하기아 소피아Hagia Sophia라는 이의 유적이 발견되었는데, 그 원고에는 "요아네스 클라다스Joannes Kladas의 딸의 작품"이라고 적혀 있었다. 요아네스 클라다스는 음악가였다. 카시엔은 자기 작품에 아버지 이름을 적지 않았다. 다이앤 툴리아토스는 카시엔이 "제국에서 가장 아름답고 가장 교육을 많이 받은 여성 중 한 명"이라고 썼다. 분명 카시엔은 가장 재능 있는 여성 중 한 명이었을 것이다. 카시엔은 산문뿐만 아니라 음악 작품으로도 그만큼 유명했기 때문이다. 동방 정교회 전통에서 '성가 작가'는 찬송가의 음악과 가사를 모두 작업한다.

하지만 카시엔이 화려한 음악을 작곡한 것으로 이름이 알려진 것은 아니다. 카시엔이 쓴 가사의 섬세함은 지식에 기반하고 있다. 성경과 성인들의 삶에 대한 깊은 지식뿐만 아니라 수사학을 다룰 수 있어야 하는데, 카시엔은 이 모든 것을 완벽하게 통달하여 작품 창작에 동원했다. 매사에 천재적이었던 카시엔은 일부 종교 텍스트를 통달한 뒤 여기에 페미니스트의 색채를 가미했다. 예를 들어 「타락한 여자I en polles amarties」에서 카시엔은 누가복음의 한 구절을 이야기하고 있는데, 이 구절은 예수님에게 다가와서 그의 발에 입맞춤하고 눈물로 발을 닦는 여성 죄인을 묘사하는 구절이다. 여기에서 카시엔은 내려다보는 관점에서 장면을 소개하는 대신 그 여성의 머릿속으로 들어가 그 여성이 일인칭으로 말하게 한다. "나는 당신의 신성한 발에 부드럽게 입 맞추고, 내 머리카락으로 그 발을 다시 닦을 것입니다."

카시엔은 동방 정교회의 위대한 성가 작곡가 중에서 더 훗날까지(16세기까지) 언급되는 유일한 여성이 된다. 다른 여성 작곡가들도 작곡하고 쓰고 창작했지만, 오직 카시엔의 텍스트들만이 동방 정교회의 예배 의식에 사용될 수 있었다. 카시엔의 찬송가 일부는 매우 섬세한 데다 여성이 쓴 것 치고는 너무 잘 써서 남성의 작품으로 간주되기도 했다. 그러나 연구에 따르면 카시엔에 대해 발견된 모든 것은 카시엔의 손과 독창적인 영혼에서 나온 것이다.

카시엔의 텍스트에는 한때 감히 황제를 도발했던 여성에게 걸맞은 자유, 열정, 지성 및 솔직함이 드러나 있다. 오늘날에도 들을 수 있는, 카시엔의 찬송가 중 하나는 다음과 같이 부르짖는다.

나는 가난하다고 불평하는 부자를 증오한다.
깊이 생각하기 전에 말하는 사람을 증오한다.
가르치지만 아무것도 모르는 사람을 증오한다.
간음죄를 심판하는 부정不貞한 사람을 증오한다.

매우 시사적인 다음 구절로 글을 마무리하겠다.

말해야 할 때 침묵하는 것을 증오한다.

# 여성 작곡가들의 전설적인 스타, 힐데가르트 폰 빙엔

전혀 소심하지 않은 한 여성이 헤세 레난Hesse rhénane(오늘날의 독일)에 살았다. 힐데가르트 폰 빙엔은 자신이 운영하는 수녀원과 숲을 오가며 지냈다. 치유력이 있는 새로운 식물을 찾기 위해서였다. 그녀는 때때로 이런 일상에서 벗어나 군중 앞에서 설교를 하기도 했다. 기도하고, 버섯을 따고, 황제에게 조언하는 편지를 쓰고, 그림을 그리고, 달과 별을 연구하고, 수도원 생활을 관리하느라 바쁠 때 외에 힐데가르트 폰 빙엔은 작곡을 하곤 했다.

1098년에 귀족 집안에서 태어난 그녀는 형제자매 열 명 중 막내였다. 베네딕트회 수녀인 유타 폰 슈폰하임Jutta von Sponheim에게 교육을 받기 위해 일곱 살에 가족을 떠났다. 이 이별은 전통에 따라 강제로 이루어졌다. 당시에는 대가족의 경우 여러 자녀를 수도원에 맡기는 전통이 있었다. 힐데가르트는 이미 종교적인 성향이 어느 정도 있었다. 세 살 때부터 그녀는 처음으로 본 이미지들을 이야기했다. 하느님의 음성을 들었는데 더 이상 말과 몸짓을 제어할 수 없었으며, 정신이 들기 전에 큰 빛을 보았다고 했다. 하지만 아무도 그녀의 말을 진정으로 들어 주지 않았다. 어린아이에 불과했기 때문이다. 그녀는 40년 후에야 '길을 알라'라는 뜻인『스키비아스Scivias』라는 책을 통해 자신이 본 신비로운 이미지들을 글과 그림으로 다시 표현했다.

열다섯 살에 수녀원에 들어가겠다고 종신 서원을 하는 아이와, 책을 쓰고 지역 사회를 이끌고 교회의 권세가에게 조언하고 설교하기 위해 도처를 여행하는 여성 사이에는 해석하기 어려운 많은 이야기가 있다. 경계가 뒤섞였기 때문이다. 그에 반해 힐데가르트 폰 빙엔이 남긴 텍스트, 데생, 편지와 음악을 보면 한 가지는 확실히 알 수 있다. 폰 빙엔은 권력 있는 여성이었다. 그녀가 자란 디시보덴베르크Disibodenberg 수녀원의 원장 유타 폰 슈폰하임이 사망하자 그녀가 수녀원장으로 선출되었다. 그녀의 나이 38세 때의 일이었다. 선출된 지 14년 후인 1150년에 그녀는 자신만의 고유한 공동체를 만들어 루페르츠베르크Rupertsberg 수도원을 세우지만, 오늘날 어떤 흔적도 남아 있지 않다.

자신이 운영하는 여러 수녀원에서, 힐데가르트 폰 빙엔은 축일 동안 수녀들의 복장 규정 등에 참신한 사항을 넣었다. 한 수녀원장은 호화롭고 적절치 못한 행동이라며 이렇게 불평했다. "수녀들이 머리를 풀고, 가장자리가 땅에 닿는 눈부신 흰색 실크로 장식한 베일을 걸치고 합창단에 서서 시편을 노래한답니다. 수녀들은 머리에 금 면류관을 쓰고 있는데, 그 측면과 뒷면에는 십자가들이 여기저기 새겨져 있고 앞면에는 어린 양의 형상이 그려져 있대요. 또 수녀들이 손가락에 금반지를 끼고 있다고도 하더군요." 이렇게 다소 화려한 성향에 대해 비판받은 힐데가르트 폰 빙엔은, 아내가 남편에게 자신을 드러내는 것처럼 수녀는 그리스도 앞에 자신을 보여 주기 위해 단장해야 한다고 대답한다.

　그녀의 저술 활동과 돌출 행동이 가톨릭교회의 위대한 개혁가이자 성직자였던 베르나르 드 클레르보Bernard de Clairvaux에게 전해졌다. 그는 폰 빙엔의 종교적인 환상에 대해 이야기하도록 격려했고, 교황 에우제니오 3세Eugène III 역시 그녀에게 종교적인 환상을 공유하도록 승인했다. 이러한 지지를 받으며 그녀는 종교인으로서 점점 더 중요한 위치를 차지할 수 있었고, 창작의 자유를 폭넓게 누릴 수 있었다. 폰 빙엔은 단지 유능한 신비주의자에 불과한 수녀가 아니었다. 치유자로서 식물, 나무, 음식 및 치유해야 하는 증세도 알고 있는 수녀였다. 천문학에도 열중했고, 그림도 그리고 시도 썼다. 사포와 마찬가지로 이 신비주의자의 삶을 재구성해야 한다면 두 부분으로 분리하는 것으로는 충분하지 않을 것이다. 그녀는 아주 다양한 삶을 살았기 때문이다.

그중 여성 음악가와 여성 작곡가로서의 삶에 집중해 보자. 종교 음악을 통해 교육받은 폰 빙엔은 글쓰기 소질과 예술적 재능을 바탕으로 성가를 작곡했다. 그녀의 공동체에서는 예배할 때 노래와 연주가 함께했다. 기도는 침묵 속에서 해야 한다고 생각하는 더 엄격한 종교 기관들은 예술에 의존하는 방식을 마음에 들어 하지 않았다.

하지만 폰 빙엔은 "하느님은 분별 있고 창의적인 사람들이 발명한 모든 악기로 찬양받아야 한다"라고 이야기했다. 그러면서 하느님을 만족시키기 위해 신성한 예배용 작품 70여 곡을 작곡해 『천상의 계시에 대한 화성 교향곡Symphonie de l'harmonie des révélations célestes』이라는 연작 가곡집에 담았다. 그리고 한 걸음 더 나아가 자신의 유명한 신비주의 텍스트 『스키비아스』를 음악으로 만드는데, 이는 단순한 성가라기보다 종교 음악극에 더 가까운 전위적 악보인 「도덕적 명령Ordo virtutu⁺」이 된다. 이 작품으로 폰 빙엔은 어린 시절 보았던 이미지를 무대에 올리는데, 시대보다 앞서 일종의 오페라를 위한 텍스트와 음악을 만든 것이다. 이 작품 속에서 인간의 영혼과 악마 그리고 미덕이 화려한 기교의 노래들을 통해 도덕적 싸움을 벌인다. 물론 그 당시 보관

+ 성경 이야기를 소재로 한 음악극. 대화 형식을 많이 썼다.

을 위해 기록한 악보가 루페르츠베르크수도원에서 들을 수 있었던 실제 작품을 반영한 것은 아니다. 그러나 전문가들은 「도덕적 명령」이 특히 아주 낮은 음에서 아주 높은 음까지 음역이 매우 넓어서 가수의 뛰어난 가창력이 필요하다는데 동의한다.

　당연하게도 이 신비주의자의 작품들은 신성한 음악처럼 울려 퍼진다. 노랫소리는 공기처럼 가볍고, 경이롭고, 몽환적이다. 때때로 힐데가르트 폰 빙엔은 음이 서로 부딪히는 불협화음을 순간순간 사용한다. 아주 짧은 시간동안 화성으로 노래와 가사를 강조하는 것이다. 이런 음악을 연주하려면 민첩해야 한다. 힘도 필요하다. 오늘날 성당에서 부르는 종교적인 노래들과는 거리가 멀다. 오늘날에는 모두가 엉뚱한 음을 내지 않고 합창을 할 수 있도록 곡이 쓰인다. 하지만 힐데가르트 폰 빙엔은 탁월하되 까다로운 성가를 작곡했다. 아마도 다른 수녀들에게 자신의 곡을 받아쓰게 하면서 음악 자체가 예술 작품이 되도록 이끌어 갔을 것이다.

폰 빙엔의 작곡가로서의 면모는 오랫동안 치유자로서의 지위에 가려져 있었다. 그러다 히피 운동이 벌어지는 동안 힐데가르트 치료원이 중세 자연 요법의 가르침을 따르며 문을 열게 된다. 훗날인 1980년대에 폰 빙엔의 작품은 특히 중세 음악 레퍼토리를 전문으로 하는 세쿠안티아Sequentia 그룹의 녹음 덕분에 재발견되었다. 폰 빙엔은 고음악 앨범에 등장한 몇 안 되는 여성 작곡가였으며, 그보다 대부분 나중에 작업한 남성 이름 몇몇과 나란히 놓이게 되었다.

그녀의 음악은 계속해서 전문 그룹들 뿐만 아니라, 특히 낭만주의 또는 바로크 오페라에서 자주 중요한 역할을 담당한 소프라노 사빈 드비엘Sabine Devieilhe에게 큰 영감을 주었다. 이 프랑스 여가수는 일렉트로 음악가 쉬페르포즈Superpoze와 함께 2019년 12월 '다양한 음악 축제Festival Variaitions'에서 폰 빙엔의 노래를 편곡해 불렀다. 드비엘은 원전 악보에 충실해야 한다는 제약에서 벗어나 전자 음악의 미니멀리즘을 통해 숭고하고 고양된 노랫소리를 남겼다. 이를 통해 폰 빙엔이 죽은 지 수 세기가 지났음에도, 이 신비로운 작곡가가 불러일으킨 열정을 볼 수 있다.

독일에 힐데가르트 폰 빙엔 같은 자랑할 만한 주요 중세 인물이 있다면 프랑스에도 그에 뒤지지 않는 인물이 있다.

# 트로베리츠, 프랑스의 예외

나 카스텔로자Na Castelloza는 짧은 드레스를 입고 있고, 사람들이 빨간 스타킹을 신은 그녀의 다리를 쳐다보고 있다. 그녀는 기도하는 자세를 취하고 있다. 땅에 놓인 십자가 위에는 흰 양이 누워 있다. 바로 회개한 여성 죄수의 표상이다. 베아트리스 드 디Béatrice de Die는 임신한 댄서인데, 무릎까지 트인 드레스에 붉은 리본을 묶은 부츠를 신고 있다. 아잘라이스 드 포르케라그Azalaïs de Porcairagues는 목이 깊게 파인 드레스를 허벅지까지 들어 올린 채, 빨간 스타킹이 벗겨진 발을 벌리고 서 있다. 트로베리츠Trobairitz[+]는 음란한 여성들인가, 끔찍한 마녀들인가 아니면 그보다 더 나쁜 악마의 화신들인가? 중세 문학 전문가인 독일의 앙겔리카 리거Angelica Rieger가 베지에Béziers의 서정 시집에 실린 여성 음유 시인들을 그린 삽화에 따르면 그러하다. 상상으로 그린 그런 그림

[+] 12-13세기 프랑스 남부의 언어인 오크어로 시인 겸 작곡가를 의미한다. 음유 시인을 의미하는 트루바두르의 여성형이다.

속에서 여성들은 잘못된 인생을 산 것으로 묘사되었다. 중세의 여성 작곡가들의 이런 타락한 이미지는 그들이 사라지고 난 후에도 오랫동안 부각되었다. 예를 들어 19세기 언어학자이자 문헌학자인 알프레드 장루아Alfred Jeanroy는 이 여성 음악가들의 시가 "겸허함과 관습을 전부 놀라울 정도로 망각한 것"이라고 평가했다. 그 이유는 무엇일까? 사포처럼, 이 여성들도 아주 자유롭게 사랑을 이야기했기 때문이다.

물질적 욕구에 대처하고 먹고살기 위해 작곡하는 남성 음유 시인들인 트루바두르troubadours들과는 반대로, 트로베리츠는 즐거움을 위해 노래했다. 귀족이고 부유하며 교육받은 이 여성들은 모두 상류 사회 사람들이었다. 남녀 사이의 이런 차이는 이 시기에 쓰인 시적 텍스트에서 두드러지게 드러난다. 남성 음유 시인들은 곡을 의뢰한 사람을 찬양하고 찬미해야 하는 엄격한 규칙을 따르지만, 여성 음유 시인들은 자유롭게 상상력을 발휘하여 훨씬 더 내밀한 작품을 창작할 수 있었다.

사랑은 '피나무르fin'amor'✦ 혹은 궁정 연애가 주를 이루던 11~13세기에 쓰인 모든 서정시의 핵심 주제다. 이 장르에서는 정중함을 통해 일종의 이상적인 모델을 강조한다. 남

---

✦ 오크어로 기쁨과 행복을 얻으려는 공동의 목표 아래 상대방을 존중하며 정직하고 정중하게 사랑하는 방식을 설명하는 데 사용된 용어이다.

성은 여성의 사랑을 받을 자격을 얻기 위해 어느 정도 자질을 갖춰야 하고, 그것을 증명해야 한다. 여성은 명예심, 고귀한 감정, 복종을 앞세워 접근해야 하는, 다가서기 어려운 인물이다. 달리 말해 탑 꼭대기에 있는 공주는 왕자가 용들을 죽이면서 자신의 가치를 증명하고, 자신과 결혼하러 오기를 기다린다. 트루바두르의 텍스트들은 이런 식으로 흘러간다. 그들은 궁정의 귀부인들을 매료시키고자 했다.

그런데 여성 시인들은 이런 규칙을 자신들의 시에 적용할 수 없었다. 그래서 특별한 장르를 통해 '피나무르'에 직접적으로 포함되지 않는, 더 솔직하고, 더 직접적이고, 거의 도발적인 작품을 창조하게 된다. 반면 남성들은 작품에서 사랑이란 주제에 접근하되 우아한 여성의 기분을 상하게 하지 않기 위해 온갖 주의를 기울였다. 수 세기에 걸쳐 보존되어 온 트로베리츠의 몇 안 되는 시는, 백작 부인 드 디의「커다란 고통이 내게 닥쳤다Grande peine m'est advenue」에서 읽을 수 있는 것처럼 격렬한 감정이나 분명하게 음란한 감정을 고백한 일기와 비슷하다.

나는 나의 기사를 안고 싶다,
어느 저녁, 벌거벗은 채 내게 안긴 기사,
그리고 그가 만족스러워지길,

그가 내 몸을 쿠션으로 삼기만 한다면,

블랑쉬 플뢰르의 플로르⁺보다

내가 더 사랑스럽기에

나는 그에게 내 심장과 사랑을 준다,

내 정신도, 눈도, 목숨까지.


그녀는 정말 부인이었을까? 아마 그럴 것이다. 그녀의 혈통을 추적하기는 어렵지만, 출처에 따르면 베아트리스Béatrice라는 이름은 동일하다. 프랑스어로 베아트리스 드 디Béatrice de Die, 아니면 오크어로 베아트리즈 드 디아Beatritz de Dia다. 이 여성 음유 시인은 프랑스 남부의 드롬Drôme 출신으로 시, 음악, 노래에 인생을 바쳤다. 동시대 여성 음유 시인 대부분은 그녀와 마찬가지로 프랑스 남부 출신이다. 북부 지역에서 사용한 오⁺⁺로, 작곡하는 음유 시인을 뜻하는 트루베레trouvères라는 단어가 있지만, 여성 작곡가들의 흔적은 전혀 찾을 수 없다. 그들 역시 존재했겠지만 그 작품과 이름은 사라져 버렸다. 반대로 남부에서는 여성 음유 시인들이 눈에 많이 띈다. 확인된 음유 시인 400여 명 중에서 대략 20여

---

⁺ 중세 시대의 대중적인 이야기 「플로르와 블랑쉬 플뢰르」의 두 주인.

⁺⁺ 중세 프랑스에서 북부 지역(벨기에 남부 포함)에서는 오일어(langue d'oïl), 남부 지역(이탈리아, 스페인, 모나코 포함)에서는 오크어(langue d'oc)를 사용했다.

명을 여성으로 추산한다. 왜 이런 차이가 생겼을까? 정치 상황 때문이다. 오크어를 사용하는 프랑스 남부 지역에서 그 시기는 고귀함과 예술 및 사치의 시대였다. 유스티니아누스와 테오도시우스 법전에서는 결혼 후 여성은 가져온 지참금을 자신이 소유할 권리나, 재산 분배 시에 남자 형제들과 똑같은 몫을 받을 수 있는 가능성과 같이 몇 가지 '특권'을 여성들에게 부여했다. 중세 시대 유럽의 규모에 비추어 보면 아주 작은 이 지역에서 드문 현상이 발생했는데, 바로 여성들이 재산을 소유할 수 있고, 창작의 권리가 있었다는 점이다.

그 레퍼토리 중 남아 있는 작품 대부분은 악보가 없는 시다. 그런데 남녀 음유 시인들이 쓴 모든 작품은 당대의 악기 연주와 함께 노래로 불러야 한다. 이때 연주되던 것은 표현력이 풍부하고 사람의 음색과 유사해서 중세에 가장 높이 평가받은 악기인 바이올린의 조상 교현금絞弦琴 같은 악기들이었다. 또 당시 사람들은 단성으로 멜로디를 노래했다. 다성은 나중에 등장하는데, 그래서 음악보다 텍스트가 우선시되었다. 운율과 구조가 있는 시들과 거기 사용된 단어들은 이미 노래처럼 울리는데, 당시 예술은 바로 오크어를 완벽하게 숙달하고 찬양하는 것을 목표로 삼았다.

시 외에 트로베리츠들이 남긴 다른 흔적은 우리가 누구에게 할 말이 있는지 알려 준다. 삽화 속에서 트로베리츠들은 모두 마녀를 닮지 않았고 오히려 그 반대다. 트로베리츠 대부분은 단색의 빨간색 롱드레스를 입고 등장했다. 일부 초상화에는 귀족 표시가 드러나 있는데, 소매와 목선 또는 모피를 닫는 단추들이 바로 그것이다. 이 여성들은 모두 같은 자세를 취하고 있다. 한 손은 주머니에 넣거나(당시에는 드레스에 주머니가 있었기 때문이다!) 등 뒤로 두고, 다른 손은 마치 낭송할 때처럼 들어 올리고 있다. 남녀 음유 시인들은 노래에 열중한 상태로 묘사되어 있다. 이 예술가들이 창작자 이전에 대부분 가수라는 증거다. 삽화 속에서 백작 부인 드 디는 나타나는 횟수도 다르고 표현된 방식도 다르다. 어떤 삽화에서는 흰 담비 가죽으로 만든 롱코트를 입고 있고, 또 다른 삽화에서는 영주의 상징인 매가 오른손 위에 놓여 있다.

1888년 그녀의 동상이 디Die 마을에 세워졌다. 어떻게 이 여성은 수 세기에 걸쳐 그러한 인정을 받았을까? 무엇보다 「나는 노래를 불러야만 해A Chantar m'er」라는 곡의 덕을 보았을 것이다. 이 노래는 발견된 트로베리츠들이 쓴 텍스트 중에서 유일하게 음악이 동반된 시이다. 오크어를 구사하지 않고서는 이 시의 아름다움을 짐작하기 어렵다. 그 시대 시에 대한 뛰어난 전문가인 역사가 프랑수아 레이누아르

드François Raynouard는 이렇게 단언한다. "사랑의 비가 중에 이처럼 긴장감 있고 열정적인 애정을 표현하는데 이토록 우아하고 몰입감 넘친 적은 없었다. 가장 진실하고 가장 감미로운 감정이 이 작품을 만들었다." 그의 번역에서 불행한 사랑 이야기의 분위기를 엿볼 수 있다.

> 당신의 마음이 그토록 만족하다니 두려워
> 내 친구여, 나에게도 역시 상처받을 이유가 있어
> 다른 사랑이 당신을 빼앗아 가는 것은 불공평해
> 무슨 말을 들었는지 무슨 약속을 받았는지는 중요하지 않아.
> 처음을 기억해
> 우리 사랑의 시작을! 신이시여
> 이 이별이 결코 내 잘못이 아니기를.

중세 고문서에서 사람들은 흔히 이 여성 음악가의 삶을 다음과 같이 요약했다. "백작 부인 드 디는 기욤 드 푸아티에Guillaume de Poitiers와 결혼했는데, 그녀는 아름답고 착했으며, 렝보 도랑주Rainbaut d'Orange 경과 사랑에 빠졌고 그에 대해 좋은 시를 많이 남겼다." 다만 이 '비다(vida, 13세기에 쓰인, 남성 혹은 여성 음유 시인에 대한 짧은 전기)'의 출처는 신빙성이 거의 없다.

이런 텍스트들은 종종 정보가 불충분하고, 완전히 거짓은 아닐지라도 과장되어 있다. 베아트리스 드 디에 대한 연구는 사포의 경우처럼 그녀의 삶의 모순적 요소들을 제시하는데, 마치 한 사람은 어머니이고 또 한 사람은 그녀의 딸인 양, 삶을 둘로 분열시키는 지경에 이른다. 해석과 관련해 또 다른 중요한 주제가 바로 음악이다. 「나는 노래를 불러야만 해」는 여러 버전이 있는데 서로 비슷한 버전이 없다. 그 시대의 악보 탓이다. 악보에 마디도, 리듬도, 노래와 함께 연주하는 악기들에 대한 지시도 없기 때문이다. 각 연주자가, 때에 따라서는 여성 연주자가 자신이 적합하다고 생각하는 대로 소리를 낼 수 있는 음표가 있을 뿐이다.

몽세라 피구에라스Montserrat Figueras[+]는 녹음할 때 목소리를 더 잘 울리게 하고, 감정을 더 잘 표현하기 위해 장식음을 사용한다. 고음악으로 유명한 이 스페인 여성 가수는 기교 없이 자신의 모든 연주를 우울함과 여러 감정으로 채색한다. 즉 비브라토나 노랫소리를 변형시킬 수 있는 음향 효과를 사용하지 않는다. 그녀의 목소리를 들으면 사람들은 곧바로 탄식, 사랑의 고백, 슬픔 혹은 기쁨을 인식한다. 「나는 노래를 불러야만 해」를 들으면서 우리는 그녀와 함께 기대에 어긋난, 잃어버린 사랑을 한탄하게 된다.

[+] 20세기 스페인의 대표적인 소프라노 가수

트로베리츠들에 대한 매우 드문 증언은 몇 세기를 거치며 나쁜 평판으로 더럽혀졌다. 그들 예술의 고귀함보다 더 강렬해 보이는 어떤 이미지로. 1970년대에 와서야, 그리고 페미니즘 운동의 여파로 그들의 작품과 이야기가 다시 주목받게 되었는데, 특히 메그 보긴Meg Bogin의 연구는 중세 여성 작곡가 20여 명을 어둠 속에서 *끄집어냈다.* 음악계 역시 이런 자료를 신중하게 다룰 것이다. 그러나 음악 기호가 전혀 없는 시들을 어떻게 음악으로 만들 것인가? 중세에 널리 퍼진 방식을 따를 수 있는데, 같은 구조의 시에 같은 음악을 붙여 넣는 것이다. 이렇게 하면 다양한 사람이 쓴 텍스트를 같은 멜로디로 연주할 수 있다. 음악으로 만들어진 트루바두르의 상당수 작품을 트로베리츠의 시들과 대조함으로써 전문 앙상블들은 음악을 저버리지 않으면서 시를 노래할 수 있었다. 두 세기 동안 프랑스 남부 전역에 울려 퍼졌던 여성 작품들의 귀중한 자취다.

고대 음악에서 중세 음악까지, 다시 말해 10세기 이상 여성들은 음악에 참여해 왔다. 그림 속에 재현된 여성 음악가들의 모습은 그들의 존재를 증명하며, 남녀의 목소리가 각각 표기된 초기의 악보들로 여성들이 노래했음을 확인할 수 있다. 그리고 이 책의 첫 번째 장에서 상기한 여성 작곡가들의

이름은 작곡이 결코 온전히 남성만의 일은 아니었다는 사실
을 증명해 준다. 여성들에게 흔히 야만의 시기로 간주되는
중세 시대에도, 여성들은 자신들의 소리를 낼 수단들을 찾
아냈다.

르네상스 시대에는 여성 음악가들이 더 희소해져서, 그
결과 음악이 풍요로운 시기였음에도 강력한 난관에 맞닥뜨
린다. 이때에는 다성 음악의 발전과 인쇄기의 출현 덕분에
악보의 대량 배포가 가능해졌다. 이런 상황에서 여성 선구
자 한 사람이 눈에 띈다. 마달레나 카술라나Maddalena Casulana
라는 이탈리아 작곡가로, 이탈리아에서 자신의 음악을 인쇄
하고 출판한 최초의 여성이다. 카술라나는 르네상스 시대에
크게 유행했던 '무반주' 성악 형식인 마드리갈을 작곡하는
데 두각을 나타냈다. 그러나 엄청나게 정교한 그녀의 음악
외에 그녀의 생애에 관해 알려진 것은 거의 없다.

이 여성 작곡가가 이탈리아 출신이라는 것은 우연이 아니
다. 이탈리아라는 나라는 음악을 위해 산다. 바로크 음악과,
무적의 장르가 된 오페라가 동시에 등장하는 곳이 바로 이
탈리아이다.

# 선곡 목록 1

고대 그리스 음악을 전문으로 하는 케릴로스Kérylos 앙상블의 「아울리스의 이피게네이아Iphigenia in Aulis」

멜포멘Melpomen 앙상블이 복원한, 사포 및 그 동시대인의 시에 대한 고대 그리스 음악

보카메VocaMe 앙상블의 「서구 최초 여성 음악가의 비잔틴 찬가 Byzantine hymns of the First Female Composer of the Occident」

힐데가르트 폰 빙엔, 보카메 앙상블의 영감(힐데가르트 폰 빙엔 : 노래와 비전) Inspiration(Hildegard von Bingen : Lieder und Visionen)」

힐데가르트 폰 빙엔, 세쿠엔티아Sequentia 앙상블의 「도덕적 명령」

힐데가르트 폰 빙엔, 프랑스 공영 방송 '라디오 프랑스' 주관하의 「오 얼마나 경이로운가O quam mirabilis」 즉흥 연주

쉬페르포즈와 사빈 드비에일이 연주한 힐데가르트 폰빙엔의 「배리에이션Variation」

헤스페리온 XX Hesperion XX 앙상블의 「트루바두르의 노래Chants de troubadours」 중에서 몽세라 피구에라스Figueras가 연주한 베아트리스 드 디의 「나는 노래를 불러야만 해」

**2**

# 바로크의
# 스타들

만약 하프시코드, 리코더 또는 비올라 다 감바(알랭 코르
노Alain Corneau의 영화 「세상의 모든 아침」에 등장하는 악
기)가 약간 들린다면, 듣고 있는 음악이 바로크 음악일 가능
성이 있다. 악기는 단지 노래를 반주하는 데뿐만 아니라, 때
로는 춤을 추기 위하여 또는 자연이나 의식 상태를 기술하
는 멜로디를 구현하는 데에도 사용된다. 바로크 음악은 즉
흥적으로, 그리고 더더욱 화려하게 연주되기 때문에 소나타
와 협주곡의 출발점이자 거장들의 출발점이기도 하다. 바로
크 시대에는 여성 음악가가 다수 있었다. 이들은 (아직) 음
악 세계에서 배제되지 않았고 그들의 목소리는 관심을 끌었
으며, 일부는 유럽의 가장 위대한 궁정에서 영향력 있는 작
곡가의 지위에도 오른다. 이 여정을 시작하기 위해 바로크
음악의 발상지이자 여성 창작자에게 가장 호의적인 나라인
이탈리아로 가 보자.

# 베네치아의
# 고아들

베네치아의 심장부에서 음악은 '거리에서, 수로 위에서, 곤돌라 위에서, 광장 곳곳에서' 울려 퍼진다. 역사가 파트리크 바르비에Patrick Barbier는 베네치아 어디에서나 음악이 들리는 것을 이 도시를 지배했던 침묵으로 설명한다. 18세기 베네치아에는 소음이 전혀 없었다. 곤돌라는 소란스럽지 않게 지나갔고, 포석이 깔린 골목길에는 요란하게 울릴 수 있는 어떤 차량도 허용되지 않았다. 도시는 때때로 견디기 힘들 정도의 적막 속에 굳어 있었다. 이때 노래와 악기가 베네치아의 침묵을 보상해 주었다. 전문적이든 아니든 예술가들이 빠르게 증가했다. 모든 음악 교육 기관 중에서 가장 성공하고, 가장 눈길을 끌고, 가장 선망받는 기관은 오스페달레ospedale였다. 이 특이한 장소는 번역하기가 어려운데, 구빈원과 음악 학교, 고아원과 수도원의 중간쯤이다. 오스페달리는 베네치아공화국의 버려진 아이들을 맞아들였다. 모두 네 곳이 있었는데 그중 관심을 끄는 것은 1346년에 설립

된 가장 오래된 오스페달레 델라 피에타Ospedale della Pietà로,
이곳은 여자들만 받았다. 매우 빈곤한 가정에서 태어난 아
이나 사생아 혹은 고아들이 이곳에서 지내며 교육받았고 커
서 수녀가 되거나 결혼했다. 이곳에 들어오는 유일한 기준
은 체격이었다. 아기들은 정문의 좁은 뚜껑 같은 문에 버려
졌기 때문이다.

행정관들(따라서 종교와 무관한 사람)이 관리하는 이런 공
공시설들은 어쨌든 종교 생활을 할 수 있는 훌륭한 장소를
제공했다. 각 오스페달레는 노래하는 미사가 거행되는 예배
당을 소유하고 있었다. 어린이들의 주요 임무 중 하나는 이
런 공개 미사에서 합창단 업무를 담당하는 것이다. 그런데
피에타 오스페달레에는 문제가 있었다. 당시 어린 여자아이
나 어른 여성은 가톨릭의 예배 장소에서 노래할 권한이 없
었는데, 이는 여성들이 교회에서 노래하는 것을 금한 578년
의 제2차 오세르 공의회 이후부터 계속 시행되고 있었다. 이
런 금지 사항은 20세기까지 지속되었다. 그러면 578년 이
전에는 어땠을까? 그때는 여성들이 교회에서 노래하는 것
이 허용되었지만(379년 안티오크 공의회), 남성 합창단과
분리된 합창단에서 노래해야 했다. 교황 비오 12세가 1953
년에 여성들에게 성당에서 노래를 할 수 있게 허용해 주었

는데, 이때도 당연히 합창단에는 낄 수 없었다. 비오 12세는 379년의 전임자들과 똑같이 신중하게 다음과 같이 선언했다. "남성들은 모든 불편을 피하기 위해 여성 및 여자아이와 분리되어야 한다."

1983년에 이러한 금지가 마침내 해제되었지만, 4년 후 성례 및 성례 규율 회의에서 여성이 교회에서 합창단 일원이 되는 것을 다시 금지했다. 오늘날에도 여전히 남성 중심의 성가대에서 여자아이들을 받아들이는 것을 다소 꺼리기는 하지만 이는 예외적인 경우이다. 이렇게 주저한 수백 년의 세월에서 얻을 수 있는 결론은 2000년 동안 가톨릭은 성당에서 여성들의 노래 혹은 혼성 합창을 금했다는 점이다. 피에타의 수녀들과 여자아이들만이 이 규칙을 위반했다. 1770년대에 화가 엘리자베스 비제 르 브룅Elisabeth Vigée Le Brun은 베네치아를 지나는 여행자들에게 강렬한 인상을 심어 주는 그 도시의 특권을 이렇게 이야기했다.

"어떤 음악도 내가 베네치아의 한 교회에서 들었던 음악과 견줄 수 없었다. 여자아이들은 무척이나 아름답고 신선한 목소리로 단순하고 조화로운 노래들을 불렀는데 정말 천상의 소리 같았다. 여자아이들은 철책 친 높은 연단에 배치되어 보이지 않았다. 그래서 음악이 하늘에서 들려오는 천사들의 노래 같았다."

　어떻게 이 여자아이들은 신성한 장소에서 노래하고, 더 훗날 오스페달레가 주최하는 콘서트에서 공개적으로 공연할 수 있는 권리가 있었던 것일까? 아주 간단히 말해 버려진 여자아이들은 수녀들처럼 세속을 떠났기 때문이다. 그 여자아이들은 순수하고 순결한데, 이것이 교회에서 목소리를 내는 데 필요한 조건이다. 즉 그들은 천사처럼, 성별이 없는 창조물로 간주되었다. 그러나 반대 효과도 생겨났다. 이 여자아이들은 자신들이 원하지 않았음에도 환상을 불러일으켰다. 철책 뒤에서 보일 듯 말듯 하는 여자아이들, 연단에 드리워진 여자아이들의 실루엣과 세이렌 같은 목소리가 관람객들을 매료시키고 유혹했다. 피에타의 합창단은 음악적 자질을 넘어 관광객의 구경거리가 되었다. 시설 행정관이 이런 사실을 잘 알고는 콘서트를 조직하고, 도시 최고의 작곡가를 부르고, 더 이상 자선이 아니라 음악적 재능을 기준으로 여자아이들을 모집하게 된다.

　진정한 경쟁이 여러 오스페달레 사이에서 정착되어 갔다. 그러나 피에타는 안토니오 비발디Antonio Vivaldi라는 바이올린 거장이 출현하면서 다른 오스페달레를 능가하는 명성을 갖게 된다. 비발디는 이 뛰어난 여성 음악가들에 맞추어 (음악적 재능이 덜한 여성들은 가사와 육체노동으로 밀려났다) 곡을 썼다. 더 심오한 깊이와 더 많은 기교를 담은 소리를 내기 위해 여자아이들은 혼성 합창단에서처럼 네 파트로 나뉘었다. 일반적으로 남성이 담당하는 테너 부분을 차지하는 소프라노, 알토, 콘트랄토, 그리고 한 옥타브 높게 편곡해서 조금 고음인 베이스로 나뉘었다. 오케스트라는 가장 낮은 악기(첼로, 바순 등)가 합창단의 베이스 부분을 반주하여 남성 성부가 있는 것처럼 아름답게 표현한다. 피에타의 여자아이들은 모든 음악을 담당했다. 그래서 한 세기 후에 '남성용'으로 선언되어 여성에게 금지될 악기를 포함해 모든 악기를 여성이 연주하게 된다. 이 금지된 악기에 대해서는 다시 다루겠다.

이러한 음악의 강렬한 힘 덕분에, 비발디를 비롯해 당시의 작곡가들은 특히 두 가지 주요 형식인 오라토리오oratorio(무대 연출이 없는 오페라) 협주곡(오케스트라 및 독주 악기를 위한 작품)을 통해 기교가 뛰어난 작품들을 제안한다. 그래서 재능 있는 여성 독주자들이 빛을 발할 수 있었지만 대체로 익명으로 활동했다. 그 여성 대부분이 자신의 성姓을 몰랐기 때문이다. 기숙생마다 이름과 소프라노, 트럼펫, 오르간 혹은 바이올린처럼 음악에서 맡은 역할로 불렸다. 가령 비발디가 총애한 연주자였던 바이올린의 안나처럼 불렸다. 비발디는 그녀를 위해 다양한 바이올린 협주곡을 작곡했다. 이 고아 여성은 평생 피에타에서 살았다. 뛰어난 음악가였던 그녀는 바이올린뿐 아니라 첼로, 오보에, 류트, 만돌린, 하프시코드 및 비올라 다모레viole d'amour를 연주했다. 비올라 다모레는 바이올린과 비슷한 악기로, 활에 닿지 않고 진동하는 '공명현'이라고 하는 두 번째 줄이 추가되어 있다. 이 이름은 극동지방에서 유래되었거나 (당시 이 악기는 북아프리카 유목민의 비올라를 의미하는 비올라 데 모르viole des Maures로 불리다가 시간이 흐르면서 비올라 다모레로 바뀌었다) 악기 끝부분에 조각된 눈을 붕대로 감은 여성의 얼굴에 그 기원이 있다고 알려져 있다. 이 얼굴은 눈먼 사랑을 상징한다.

바이올린의 안나는 작곡도 하고, 가장 어린 기숙사생들도 가르쳤다. 하지만 모든 기숙사생이 오스페달레에 남아 있을 수는 없었다. 결혼한 기숙사생들은 상업적인 목적으로 콘서트를 열거나 음악적 재능을 사용해서는 안 된다는 조건하에서만 시설을 떠날 수 있었다. 피에타를 떠나는 모든 여자아이는 결과적으로, 얻을 수 있는 경력을 전부 포기해야 한다. 일부 여성은 규칙에서 벗어나 베네치아 음악계에서 작곡가나 가수로 명성을 떨치기도 했다. 빈센타 다폰테Vincenta da Ponte와 안나 본Anna Bon이 이에 해당하는데, 그중 안나 본은 기숙사생이 아닌 학생으로 다섯 살에 오스페달레에 들어왔었다. 또 다른 인물로 여성 작곡가이자 바이올린 연주자인 마달레나 라우라 시르멘Maddalena Laura Sirmen이 있는데, 이 여성 역시 학생으로 오스페달레 데이 멘디칸티Ospedale dei Mendicanti에 입학했었고(이런 경우 학비를 냈다), 졸업하고 나서 음악가이자 작곡가로 훌륭한 경력을 쌓았다.

그러나 오스페달레 델라 피에타에서 맞이했던 기숙사생 수천 명 중에서 방금 언급한 이름들은 예외라고 할 수 있다. 여성 음악가 대부분은, 심지어 가장 재능이 많은 이들조차 일단 결혼하거나 종교적인 삶을 선택하고 나면 망각 속으로 사라졌다. 베네치아의 가장 위대한 거장들과 함께 하루하루를 연습하며 보냈던 뛰어난 여성 음악가들은 익명으로 남았다.

# 풍문들,
# 오페라와 반항하는 수녀

그녀는 빨간 치마를 입고, 머리에는 꽃을 꽂고, 붉은 뺨을 하고, 왼손에는 비올라 다 감바를 들고 있다. 블라우스 아래로 살짝 드러난 가슴은 터질 듯 풍만하다. 이 그림은 무엇을 표현하고 있을까? 유녀游女일까, 창녀일까? 「비올라 다 감바의 여성 연주자」라는 제목으로 1630년에 그려진 이 그림은 바로크 시대 이탈리아의 저명한 여성 작곡가 바르바라 스트로치(1619~1677)의 초상화로 최근 확인되었다. 이 음악가에 대한 다른 어떤 그림도 존재하지 않았기 때문에 의문은 여전히 지속되고 있다. 하지만 너무 늦었다. '평판이 나쁜 여성'으로까지 알려진 스트로치의 경박한 이미지는 그에 관한 위키피디아 페이지가 따로 있을 정도로 도처에 퍼져버렸으니, 이제 그녀는 진지하고 존경받는 일류 작곡가로서 명예를 회복하기가 어렵게 되었다.

남성 작곡가의 초상화에서는 점잖음, 심지어 엄숙함까지 찾아볼 수 있는데, 여성 작곡가는 이렇게 대우하는 차이를 어떻게 설명할 수 있을까? 방금 보았듯이 이 시대에는 여성이 교회에서 목소리 내는 것을 금지했으며, 오페라 가수는 종종 유녀로 간주되었다. 가수이면서 악기 연주자이고 작곡가였던 바르바라 스트로치는 사회의 최고 상류층에까지 퍼진 상스러운 풍문들을 피할 수 없었다. 그녀의 이름이 음악계와 지성계에 널리 퍼졌기 때문이다. 사람들은 그녀의 작품과 재능을 논평했고, 그녀를 불신했다. 그녀는 결혼하지 않기로 작정했고, 아버지가 누구인지 모르는 아이 넷을 낳아 혼자 키웠다. 그녀 역시 자신의 친아버지가 누구인지 몰랐다. 그녀는 가극 작가인 줄리오 스트로치Giulio Strozzi에게 입양되었고, 그 덕택에 문학과 음악 교육을 풍요롭게 받았다. 양아버지는 그녀를 지식인들의 모임 장소인 아카데미에 가입시켰다. 거기에서 사람들은 이 젊은 여성에게 모임을 계기로 쓴 텍스트를 기반으로 즉석에서 작곡해 보라고 요청하곤 했다. 그녀는 작곡가로서뿐만 아니라 가수로서도 이러한 도전에서 뛰어난 능력을 보였다.

그녀의 나머지 전기傳記 부분은 간단하다. 그녀의 음악 선생 중 한 명만 이름이 알려져 있는데 바로 프란체스코 카발리Francesco Cavalli이다. 그는 바로크 시대에 가장 유명한 이탈리아 작곡가 중 한 명이다. 이 정보는 1644년에 발표된 『첫 번째 마드리갈 작품집Premier Livre de madrigaux』이라는 바르바라 스트로치의 첫 작품집에 나와 있다. 마드리갈은 르네상스에서 유래했으며 세속적인 시를 둘에서 여덟 성부로 노래하는 다성 음악이다. 스트로치는 첫 작품집에서 양아버지가 쓴 시 중에서 사랑을 주제로 한 것들을 모아 노래로 만들었지만, 마드리갈에서는 자연이나 정치와 연관된 주제를 찾을 수도 있다. 이 음악 장르는 17세기 전반, 바로크 시대 초반부터 점차 소멸하지만, 젊은 예술가들에게는 경력을 위한 일종의 데뷔 장르로 살아남는다. 1619년에 태어난 바르바라 스트로치는 경력 초기에 이 장르를 따랐다가 빠르게 버리고, 세속적이거나 종교적인 텍스트에서 영감을 받을 수 있는 칸타타, 그리고 목소리나 악기를 빛나게 하기 위해 작곡된 아리아처럼 더 주목받는 음악들에 관심을 가졌다.

　1644~1677년에 바르바라 스트로치는 여덟 권으로 구성된 성악 악보를 출판하는데, 대부분 세속 음악으로 전체는 대략 125곡이다. 그녀는 모든 장르를 통틀어 그 당시 이탈리아에서 작곡을 가장 많이 한 사람이다. 친근하고 지적인 모임에서 주로 연주된 그녀의 음악은 사랑과 열정을 이야기했다. 오늘날 가장 잘 알려진 노래 중 하나는 「내가 무엇을 할 수 있을까Che si può Fare」로 바르바라 스트로치가 출판한 여덟번째이자 마지막 모음집에 수록된 통절한 탄식의 노래이다.

내가 무엇을 할 수 있을까?

별들이 나를 불쌍히 여기지 않고 악착같이 쫓는다.

천국이 나의 고통을 진정시킬 어떤 신호도 보내지 않는다면

내가 무엇을 할 수 있을까?

내가 무엇을 할 수 있을까?

출판물 덕분에 이 이탈리아 여성은 독자적으로 생활하고 홀로 아이들을 부양함으로써, 작곡을 직업으로 가진 음악가 역사상 최초의 여성이 된다. 바로크 시대의 대표적인 음악가로 언급되면서도, 그 시대에 비약적으로 발전한 장르인 오페라는 한 곡도 쓰지 않았다. 그녀의 입장에서 그것은 전략적 선택이었다. 여성 음악가로서 평판은 깨지기 쉬웠다. 그녀는 그것을 알고 있었고 그 대가를 치렀다. 오페라에 자신을 노출하는 것은 분명 작품에 대한 평판을 더욱 떨어뜨리고 사회적 지위를 약화시켰을 것이다. 여성에게 음악은 취미로 남아 있어야만 했다. 그러나 어떤 이들, 수녀, 귀족 또는 권력에 가까운 사람들은 예외였다. 프란체스카 카치니Francesca Caccini의 경우가 바로 그렇다.

피렌체 출신인 카치니는 바르바라 스트로치와는 반대로

오페라계에서 성장했다. 그녀는 오페라를 작곡한 최초의
여성으로 간주된다. 르네상스와 바로크 시대에 걸쳐 있는
1587년에 태어난 카치니가 스무 살 때, 몬테베르디Clavdio
Monteverdi의 「오르페오Orfeo」가 처음 공연되었다. 그녀는 클
래식 음악의 주요한 전환점을 목격한 셈이다. 1607년 2월
24일 만토바Mantoue에서의 공연은 오페라가 탄생한 공연으
로 기록될 것이다. 등장인물들이 처음으로 감정 표현을 했
기 때문이다. 음악적인 연극의 최초 형태가 중세 시대에 시
작되긴 했지만(힐데가르트 폰 빙엔과 그녀의 작품 「도덕적
명령」을 떠올려 보라), 그때까지는 음악과 이야기가 분리되
어 있었다. 즉 반주에 맞추어 이야기가 전달되었다. 「오르페
오」에서 오르페우스와 에우리디케의 신화는 노래로만 전해
지는 것이 아니다. 노랫소리뿐 아니라 음악이 음색과 분위
기, 느낌을 표현한다. 음악이 감정을 불러일으키는 일은 오
페라 전에도 존재했다. 사람들은 마드리갈을 들으면서 울기
도 한다. 그러나 오페라는 정의 자체가 감정을 자극하려고
추구하는 이야기와 음악, 목소리의 결합일 것이다.

　프란체스카 카치니가 「오르페오」의 초연을 놓쳤으리라
고 상상하기는 어렵다. 어쩌면 공연이 아직 대중에게 공개
(최초의 오페라 극장은 1637년에 개장했다)되지 않았기 때
문에 참석하지 못했을 수도 있다. 하지만 그 공연에 대해 틀

림없이 들었을 것이다. 같은 해인 1607년에 작곡가이자 연
주자 그리고 교사로 메디치 궁정에 들어간 만큼 더더욱 들
었을 것이다. 그녀가 유럽에서 가장 뛰어난 궁정 중 하나
에 들어간 것은 우연이 아니다. 그녀의 아버지 줄리오 카치
니Giulio Caccini는 작곡가이자 연주가로, 권력 있는 집안과 가
까웠다. 그는 딸에게 영감을 불어넣고, 오페라 쪽으로 방향
을 돌리라고 분명하게 부추긴 사람이다. 줄리오 카치니는
1600년에「케팔로스의 납치Il rapimento di Cefalo」를 작곡한
다. 이 작품은 완전히 레치타티보recitativo로, 즉 말을 하는 것
도, 노래하는 것도 아닌 둘 사이의 중간쯤에 있는 창법으로
이루어졌다. 합창단과 오케스트라가 목소리를 받쳐 주며 기
계, 의상 및 무대 장치가 드라마 작법을 돋보이게 한다. 이로
써 오페라에 아주 가까워진다. 이제 서정적인 아리아만 없
을 뿐이다.

프란체스카 카치니는 아버지에게 다양한 현악기(류트,
테오르브, 하프시코드, 기타, 하프) 연주법과 작곡뿐만 아니
라 혁신적인 가창 기법도 배웠다. 그녀의 완벽한 노래는 이
탈리아 궁정뿐만 아니라 국경 너머로부터도 곧바로 주목받
았다. 유럽 왕국들은 권세를 떨치기 위해 재능 있는 예술가
들이 필요했다. 이런 상황에서 1604년 프랑스의 왕 앙리 4
세Henri IV와 그의 부인인 마리 드 메디치Marie de Mécicis는 메

디치 궁정에 편지를 써서, 줄리오 카치니와 그의 딸들이 프랑스 궁정에 와 줄 수 있는지 물었다. 이는 프란체스카 카치니에게 결혼 제안이 시작되었음을 뜻한다. 프랑스와 이탈리아는 이 젊은 여성을 두고 다투었다. 프랑스의 왕은 몸소 그녀가 전 세계에서 가장 훌륭한 가수라고 선언한다. 긴 토론과 우여곡절 끝에 마침내 피렌체에 있는 메디치의 페르디난트 1세Ferdinand 1er de Médicis의 아내 로렌의 대공비 크리스틴이 카치니를 데려와서, 그녀의 피후견인 중 한 명으로, 테너이자 기악 연주자이자 카스트라토의 반주자인 조반니 바티스타 시뇨리니Giovanni Battista Signorini와 결혼을 주선했다.

　1607년 11월 4일 카치니는 시뇨리니와 결혼하고, 9일 후에 공식적으로 메디치 궁정에 들어갔다. 아버지 아래에서 성장한 젊은 신부가 대공비에게 봉사하는, 매우 여성스러운 세계에 들어간 것이다. 거기에는 수많은 하인 외에도 귀족 출신 귀부인들과 귀족 칭호가 없는 보다 겸허한 여성들인 '돈네donne'가 있었는데 이들이 음악, 노래, 연극, 춤으로 궁중의 사교계를 즐겁게 해 주었다. 프란체스카 카치니는 두 번째 그룹에 속했다. 그녀는 작곡하고, 노래하고, 다양한 악기를 연주하고 또 가르치기 위해 궁정에 들어간 것이다. 이런 활동은 일상적이었으며 대공비 크리스틴 드 로렌에게 보수도 받았다. 대공비는 자신이 고용한 카치니에게 완벽하게 만족했으리라. 카치니는 일을 시작한 지 7년이 지나자 월급이 두 배로 뛰어 유럽의 모든 궁정을 통틀어 가장 급여를 많이 받는 여성 음악가가 되었다.

저명인사가 된 카치니는 시나 대본에 곡을 붙여 달라는 요청을 받았다. 또 무대에 올릴 몇몇 작품을 동시대 남성 음악가들과 함께 창작해 달라는 요청도 자주 받았다. 1625년 2월 3일, 피렌체의 피티Pitti 궁에서 카치니는 자신의 작품 「알치나섬에서의 로저의 해방La libération de Roger de l'ile d'Alcina」을 초연한다. 무대에서는 말들이 질주하고, 남녀 무용수를 비롯해 오케스트라 및 성악가들이 참여하는 등 당대 유명 화가이자 건축가인 줄리오 파리기Giulio Parigi가 상상한 모든 무대 장치가 구현되었다. 이탈리아 궁정들이 의뢰한 연극은 규모가 큰 예술 행사였기 때문에 종종 여러 사람이 함께 작곡했다. 하지만 이 작품은 오로지 한 사람이 작곡해서 우리에게까지 전해진 드문 작품이다.

이 작품은 오페라일까? 딱 잘라 말하기 어렵다. 이 논쟁은 오페라라는 장르가 아직 초기 단계이던 시기에 만들어진 다수의 작품들과 관련이 있다. 만약 선구자 타이틀을 프란체스카 카치니에게 주고 싶다면 못 할 이유는 없으며, 그녀의 영향력이 엄청났다는 사실은 분명하게 해 둘 필요가 있다. 가령 이 첫 번째 공연에는 작품을 의뢰한 오스트리아의 마리아 마텔레인를 포함해 토스카나의 대공비, 크리스틴 드 로렌의 며느리 등 피렌체의 모든 상류층이 모였다. 이 여성 정치인이 카치니를 선택해, 자신의 권세를 과시해야 하는 음악 및 연극 행사를 창작하게 한 것은 카치니에 대한 신뢰의 증거이다. 또한 카치니의 재능을 인정한다는 증거이기도 하다.

카치니의 경력은 1626년, 남편이 너무 이르게 사망하면서 끝이 난다. 이때 카치니는 다시 기로에 서게 된다. 재혼을 해서 딸 마르게리타 시뇨리니Margherita Signorini의 양육권을 포기하는 것과, 과부로 남아 시댁과 함께 평생을 보내는 것 중에 선택을 해야 했다. 그녀는 재혼을 선택하여, 딸을 크리스틴 드 로렌 가문의 손에 맡기고, 토마소 라파엘리Tommaso Raffaelli와 결혼한다. 이 결혼은 곧 메디치 궁전에서 여성 음악가로서의 경력을 완전히 그만두는 것을 의미했다. 그녀는 두 번째 남편이 사망한 뒤 당혹감을 표현한 외교 서한("오늘 나는 동반자 없이 버려져 다시 혼자가 되었습니다. 내게는 이제 내 아이들 외에 세상에 아무도 없습니다")을 보낸 이후에야, 피렌체와 자신의 딸을 다시 보게 되었고, 초기에 남긴 것에 비해 훨씬 적은 음악 활동을 하게 되었다.

프란체스카 카치니는 예술적 재능을 자유롭게 발휘하도록

허용해 주었던 크리스틴 드 로렌이 죽은 지 몇 년 후인 1640년에 사망했다.

바로크 시대의 또 다른 이탈리아 여성 작곡가들에게도 온전한 한 장이 필요할 것이다. 그 시대는 창작할 자유를 가진 많은 여성에게 호의적이었던 것 같다. 바르바라 스트로치와 프란체스카 카치니가 그 증거로, 이들은 명성을 얻는 데 성공했다. 한 명은 지적인 모임 덕택에, 또 한 명은 예술과 음악을 갈망하는 권력의 보호 덕택에 성공했다.

종교 음악을 통해 음악 세계에 흔적을 남긴 또 다른 여성들이 있다. 이사벨라 레오나르다Isabella Leonarda가 떠오른다. 그녀는 열여섯 살에 수녀원에 들어가, 200편 이상의 작품을 썼다. 이 수녀는 다작을 했을 뿐만 아니라 반항적이었다. 교회의 합창 성가인 모테트, 칸타타, 시편곡, 미사곡 또는 만도곡晩禱曲을 쓰는 데 만족하지 않고 세속 기악곡에도 손을 댔다. 1693년에는 열두 개의 소나타를 출판했는데, 이 소나타는 여성이 쓴 가장 오래된 소나타로 알려져 있다. 비록 바로크 음악에서는 소나타가 종교적일 수 있다고 해도(당시 사람들은 '교회 소나타'에 대해 이야기했다) 이사벨라 레오나르다의 작품에서는 교회 소나타의 특징인 장엄한 분위기와 4악장의 구조를 찾을 수 없다. 레오나르다는 때때로 열세 개의 악장으로 구성하며, 전통적인 느리고/빠른/느리고/빠른

패턴에 안주하지 않고, 색다른 방식으로 분위기를 바꾸어 가며 구성한다.

소나타 선구자라는 그녀의 타이틀은 곧 엘리자베스 클로드 자케 드 라 게르Elisabeth Claude Jacquet de La Guerre와 같이 당시의 또 다른 위대한 궁정인 프랑스의 루이 14세의 궁정에서 이 기악 장르를 다룬 다른 여성 작곡가들에게 추월당한다.

# 엘리자베트 자케 드 라 게르의 예술

1694년 3월 15일, 파리왕립음악원은 새로운 작품 「케팔로스와 프로크리스Céphale et Procris」의 막을 올렸다. 파리 사람들은 모두 몇 주 전부터 이 공연 이야기를 했다. 이 서정적인 비극의 작곡가가 파리에서 가장 유명한 예술가 중 한 명인 엘리자베트 자케 드 라 게르이기 때문이다. 이 행사는 또한 프랑스 역사상 최초로 왕립음악원(나중에 '파리오페라극장'이 됨)에서 공연된, 여성이 작곡한 최초의 오페라였다. 리허설은 순조롭게 진행되었고, 참석한 소수의 비평가는, 일레르 루이레 뒤 쿠드레Hilaire Rouillé du Coudray가 다음과 같이 쓴 것처럼 공연의 성공을 기분 좋게 상상했다. "젊은 드라 게르의 새로운 오페라에 많은 기대를 하고 있다. 리허설을 두 번 보았다. 오페라는 아주 좋을 것이다." 드 라 게르는 그해에 스물아홉 번째 생일을 맞이했고 처음으로 실패를 겪었다. 대중은 새로운 오페라를 높이 평가하지 않았고, 대여섯 번의 공연 후에 「케팔로스와 프로크리스」는 완전히 막을 내렸다.

이 작품에 대해 대중이 조금도 열광하지 않은 이유를 설명하기는 어렵다. 음악 면에서는 뛰어났지만, 이 작품은 조세프랑수아 뒤쉐 드 방시Joseph-François Duché de Vancy가 쓴 취약한 대본 때문에 어려움을 겪었을 것이다. 륄리의 추종자들도 이와 관련이 있을 수 있다. 루이 14세 시대의 스타 작곡가인 장바티스트 륄리Jean-Baptiste Lully의 광적인 추종자들이 분명 불만을 표출했을 것이다. 7년 전에 사망한 자기네 우상의 손으로 쓰이지 않은 모든 작품에 대해 기꺼이 그랬듯이. 이에 못지않은 또 다른 가설은 여성이 작곡한 위대한 작품을 경계하는 대중의 여성 혐오를 들 수 있다. 다소 침울한 드 라 게르의 오페라는 프랑스 오케스트라 지휘자 장클로드 말구아르Jean-Claude Malgoire가 다루기 전까지는 거의 망각 속에 빠져 있었다. 1989년에 그가 생테티엔Saint-Etienne오페라극장에서 그의 합창단과 「케팔로스와 프로크리스」 공연을 펼쳤고 그 공연이 녹음된 덕분에 우리가 마침내 그 오페라를 즐길 수 있게 되었다.

그러니 드 라 게르가 17세기에 두각을 나타낸 것은 오페라가 아니라, 하프시코드에 대한 공헌 때문이다. 드 라 게르는 1665년 음악 애호가 집안에서 태어났다. 그녀는 하프시코

드 제작자이면서 파리 생루이섬 교회의 오르간 연주자인 아
버지에게 악기를 배운다. 형제자매 셋 중 가장 재능이 뛰어
난 천재임을 알게 되자 아버지 클로드 자케Claude Jacquet는 딸
을 루이 14세에게 소개하기로 결정했다. 이제 막 다섯 살 먹
은 어린아이가 프랑스에서 가장 권력 있는 사람 앞에서 연
주를 했다. 깜짝 놀란 태양왕은 '그 놀라운 재능'을 개발하라
고 격려하고, 훗날 그녀의 중요한 후원자가 되었다. 이 천재
는 연주를 하기 위해, 또 몽테스팡 부인Madame de Montespan 같
이 영향력 있는 귀족들을 즐겁게 해 주러 궁정에 규칙적으
로 드나들게 된다. 왕의 강력한 정부情婦는 드 라 게르를 몇
년 동안 자기 곁에 두었고, 저택 여러 곳에서 콘서트를 자주
열었다. 그곳에서 하프시코드 연주자이자 재능 있는 가수
로 관심을 한 몸에 받는 어린 엘리자베스를 쉽게 상상할 수
있다. 당시 유명 잡지『르 메르퀴르 갈랑Le Mercure galant』은
1677년 이 여자아이에 대한 기사를 작성한다. "이 천재는
이곳에 4년 전 등장했다. 그녀는 가장 어려운 음악을 막힘없
이 노래한다. 누구도 흉내낼 수 없는 방식으로 하프시코드
를 연주하며 노래하고, 또 노래를 부르고 싶은 다른 이들을
위해 반주도 한다. 그녀는 여러 작품을 작곡하고, 사람들이
제안하는 모든 조성으로 그 작품들을 연주한다. 앞서 이야
기했듯 그녀가 그런 놀라운 자질을 가지고 등장한 때는 4년

전이다. 그런데도 이제 겨우 열 살에 불과하다(사실 열두 살 이었다) (…) 하프시코드를 연주하는 수많은 여성은 그녀 의 실력을 간파할 수 있는 일을 다 해 본 다음, 다른 사람들 처럼 어쩔 수 없이 그녀를 예찬하거나, 자신이 그녀처럼 할 수 없는 것을 불가해한 일로 치부할 수밖에 없었다."

　1682년 루이 14세는 베르사유에 정착하고, 궁정도 그리 로 옮겼다. 이제 음악계의 중심이 이동할 것이고 파리는 더 이상 창작물, 무도회, 파티를 독점하지 못하게 될 것이다. 드 라 게르는 이러한 움직임을 따르며, 베르사유 시대 초기 몇 해 동안 삶을 맛보고 오락과 축제, 음악으로 빛나는 궁정의 열기도 맛보았다. 하지만 이런 에피소드는 오래 지속되지 못한다. 2년 후 마랭 드 라 게르Marin de La Guerre와 결혼하게 되기 때문이다. 내키지 않지만, 열여덟의 젊은 신부는 파리 로 돌아가야 했다. 10여 년이 지난 후, 드 라 게르는 자신의 오페라 「케팔로스와 프로크리스」의 악보를 루이 14세에게 헌정하며 다음과 같이 썼다. "불행한 운명 탓에 내 삶을 그 분을 섬기는 데 바칠 수 없었고, 훌륭한 재능으로 그분의 영 광을 위해 일할 수 없었지만, 나는 어린 시절부터 갈고닦은 것으로 말미암아 적어도 그분이 위대하고 중요한 활동을 하 는 사이사이에 짧게나마 그분의 유흥에 공헌할 수 있었기에 언제나 몹시 행복하고 아주 각별하게 여기고 있습니다."

드 라 게르가 쓴 '운명'이라는 단어는 무엇을 의미할까? 베르사유를 떠나게 만든 결혼을 의미할까? '불행한 운명'이란 또한 여성으로 태어난 불행을 가리킬 수도 있다.

왜냐하면 여성은 음악의 모든 전문 분야에서 배제되어 궁정의 공식 직책에 오를 수 없었기 때문이다. 남아 있는 선택지는 교육 및 소규모 콘서트로 제한되었다. 기타, 비올, 류트, 하프시코드 등의 악기 선택 역시 제한되어 있었다. 남녀라는 성별 문제 때문이다. 17세기에는 여성 오르간 연주자가 당연히 몇 명 있었지만, (아주 드문 경우를 제외하고) 그 여성들은 결코 자격을 가진 것이 아니었다. 다시 말해 정식으로 임명된 오르간 연주자가 아니었다. 바이올린이나 플루트는 개인이 소유할 수 있지만, 오르간은 들고 움직일 수 없고 보통 교회나 본당에 귀속되어 있다. 따라서 오르간을 연주하고 예술가들이 연습할 수 있도록 교회에서는 정식 오르간 연주자를 임명했다.

드 라 게르와 동시대 모든 여성에게 음악은 직업이 아니라 오락거리가 되어야 했다. 이것은 많은 여성에게 작곡가라는 직업의 싹을 잘라 버리기에 충분했다. 그러나 파리에서 드 라 게르의 명성은 계속해서 퍼졌다. 그녀의 재능은 장시간 훌륭하게 즉흥 연주를 하는 소규모 개인 콘서트에서 잘 드러났다. 드 라 게르는 연주하지 않을 때는 하프시코드와 오르간을 가르치며 명성을 높이고 존경받는 스승이 되었다.

그러나 드 라 게르는 자신이 머물렀던 사적 영역의 문을 뚫고 나감으로써 음악으로 자신의 세기에 족적을 남겼다. 1687년 드 라 게르는 자신의 첫 번째『하프시코드 작품집 Pièces de clavecin』을 발표한다. 하프시코드 악보 모음은 손가락으로 셀 수 있을 정도로, 당시로서는 드문 일이었다. 오늘날 하프시코드 학생 중에 이『하프시코드 작품집』을 연주하지 않는 이는 거의 없다.『하프시코드 작품집』의 강점은 혁신 정신에 있다. 이 첫 번째 모음집에서 F장조 조곡組曲「심취Tocade」라는 작품이 눈길을 끈다. 드 라 게르는 이 작품에서 토카타toccata라는 연주 스타일을 적용했다. 글자 그대로 '건드리다'라는 의미의 토카타는 이탈리아에서 탄생한 장르로 엄청난 자유를 허용한다. 규칙도 코드도 없이, 연주자는 마치 즉흥적으로 하듯 연주한다. 토카타는 아티스트의 기교뿐만 아니라, 이런 형식의 음악과 관련된 유일한 두 악기인 오르간과 하프시코드의 모든 가능성을 보여 주는 것을 목표로 삼고 있다. 피아노도 그 악기만의 토카타가 작곡되지만, 그것은 한참 후의 일이다. 드 라 게르가「심취」를 작곡할 당시만 해도 피아노가 없었기 때문이다. 이런 이유로 바

로크 음악에는 하프시코드가 빠지지 않는다. 하프시코드는
종종 피아노의 전신으로 간주되지만, 매우 다른 방식으로
작동한다. 작은 망치로 현을 때리는 것이 아니라, 잭의 텅에
꽂힌 플렉트럼plectrom이 현을 퉁긴다.✦ 두 악기의 모양은 매
우 비슷하지만 소리는 전혀 다르다. 현악기에 속하지만, 피
아노에서는 사라져 버린 현악기 소리를 하프시코드에서는
더 들을 수 있다.

　드 라 게르의 「심취」는 몇 개의 (분산된) 아르페지오 화음
으로 시작하여 장식이 가득한 느린 멜로디를 들려 준다(바
로크의 화려함은 건축에서만 보이는 것이 아니다). 도입부
는 더 두드러진 리듬에 재빨리 자리를 양보하고, 음표가 날
아다니며 악기를 빛나게 한다. 빠른 속도에도 불구하고 퉁
겨진 현들 덕분에 각각의 음이 섞이지 않고 구분된다. 이것
이 하프시코드의 마법이다. 손가락이 건반 위를 빠르게 지
나가더라도 아주 세밀하게 그 멜로디를 구분할 수 있다.

✦ 하프시코드 구조에서 가장 중요한 부분은 건반과 지렛대로 연결된 잭으로,
이것은 플렉트럼이 고정되어 있는 직사각형의 나무(또는 플라스틱) 판이다.
플렉트럼의 재료는 원래 가죽이나 새의 깃촉이었으나 현대에는 주로 플라스
틱으로 만든다. 플렉트럼은 건반을 칠 때마다 매번 현을 뜯으므로 부러지기 쉽
기 때문에 아주 세심하게 관리해야 한다. 플렉트럼은 축에 고정된 채 앞뒤로
움직이는 혀 모양 나무조각인 텅(tongue)의 중앙에 꽂혀 있다. 하프시코드에
도 피아노처럼, 연주를 하지 않을 때 현에 닿아 있는 천 조각인 댐퍼(damper)
가 있는데, 플렉트럼이 현을 뜯는 순간 댐퍼가 현에서 떨어져 현이 공명하게
하고, 건반에서 손가락을 떼면 댐퍼가 다시 현에 닿아 현의 공명을 멈춘다.

「심취」는 정치적인 이유로도 놀라움을 자아낸다. 프랑스와 이탈리아의 궁정이 불꽃 튀기는 경쟁을 펼치는 동안, 루이 14세는 프랑스 음악의 영광을 최고치로 끌어올리려 했다. 바로크 시대의 이탈리아는 음악 면에서 치열한 경쟁력을 대표하기 때문에, 작곡가들은 작품에 이탈리아의 영향력을 사용하지 않으려고 했다. 하지만 정해진 규칙과 코드에서 벗어나는 것이 천재들의 특징 아닐까? 드 라 게르의 「심취」는 이런 식의 일탈이었고, 이는 대단한 인정을 받게 된다.

  하지만 여러 극적인 사건 때문에 드 라 게르의 창조적 도약이 지체되었다. 오페라가 실패한 후, 드 라 게르는 몇 년 사이에 부모님 두 분, 남편, 형제 그리고 겨우 열 살밖에 안 된 하프시코드 천재인 외동딸을 잃었다. 이후 10여 년 이상 그녀는 작곡을 하지 못했다. 그러나 음악가로서의 열정은 꺼지지 않았다. 그 후 과부지만 독립적이 된 드 라 게르는 그 어느 때보다 더 자유롭게 작업을 재개한다. 1707년부터 그녀는 바이올린과 함께 연주할 수 있는 『하프시코드 작품집』이라는 새로운 모음집, 바이올린과 하프시코드 연주를 위한 여섯 곡의 소나타, 두 권의 칸타타로 당당한 복귀를 알렸다.

  드 라 게르는 칸타타로 빛을 발했다. 18세기 초에 칸타타는 프랑스에 조심스럽게 들어왔다. 칸타타는 세속적이거나 신성한 텍스트를 노래하는 형식에 기악 반주가 있지만 오페라처럼 반드시 연극적인 형식은 아니다. 항상 새로움을 추구하는 드 라 게르가 이 스타일을 포착한다. 그녀는 마랭 마레Marin Marais 혹은 앙드레 캉프라André Campra같이 저명한 작곡가들과 함께 일하는 앙투안 우다르 드 라 모트Antoine Houdar de La Motte에게 노랫말을 의뢰한다. 오페라에 실패한 이후 두 번째로 시도한 성악 작품은 성공이었다. 드 라 게르의 칸타타는 청중들에게 공개가 되는데, 이는 프랑스 음악의 경향을 조롱하는 격이었다. 그녀가 작곡한 소나타처럼 칸타타도 이탈리아에서 유래한 음악이었는데, 프랑스에서는 이런 작품들, 하나 또는 두 개의 악기로 연주하거나, 3악장 혹은 4악장으로 구성된 작품을 가리킬 때 '조곡組曲, suite'이라는 단어를 선호했다.

그녀의 소나타가 발표된 해인 1707년, 잡지『르 메르퀴르 갈랑』은 다음과 같이 기사를 썼다. "폐하께서는 드 라 게르 양에게 매우 호의적인 태도로, 그녀의 소나타에 많은 찬사를 보낸 후, 그 어느 것과도 닮은 점이 없는 아주 독창적이고 아름다운 작품이라고 말씀하셨다." 드 라 게르는 세 살 연하의 먼 사촌인 프랑수아 쿠프랭François Couperin과 더불어, 프랑스에서 소나타를 작곡한 최초의 사람 중 한 명이었다. 「바이올린, 비올라, 통주저음을 위한 D 단조 소나타」는 듣는 사람을 부드럽지만 거의 우울한 분위기로 몰아넣는다. 그러나 이 음악에서는 항상 기교가 우선한다. 여기에서는 바이올린 이 날개를 펼치고, 악장이 전개됨에 따라 우리는 바이올린 을 따라가는데, 때로는 경쾌하게 노래하면서, 때로는 아파 하며 끌려가듯 따라간다.

수십 년 동안 프랑스 예술을 장려한 태양왕이 이탈리아에 서 들어온 이 음악을 즐겨 들은 이유는 무엇일까? 우선 저명 한 장바티스트 륄리가 사망한 1687년 후에 그의 영향력이 약화되었기 때문이다. 쇠퇴한 것은 이뿐만이 아니었다. 오 페라 장르도 시들해졌기에 루이 14세도 이를 외면했다. 그 런데 프랑스 음악과 이탈리아 음악 사이의 싸움은 특히 오 페라에 근거하고 있었다. 따라서 계몽주의 시대의 시작은 프랑스 음악에서 이탈리아적인 영감의 귀환을 의미했으며, 이 두 가지를 모두 숙달하고 있었던 드 라 게르는 이를 활용 했다. 이 여성 작곡가의 소나타와 칸타타는 태양왕이 들은 마지막 작품 중 일부이다. 1715년 태양왕이 사망한 후, 드 라 게르는 1729년 64세의 나이로 사망할 때까지 계속해서 칸타타와 지금은 사라진 「테데움Te Deum」+ 한 곡, 프랑스어 로 쓴 가벼운 아리아들을 작곡했다.

+ '우리는 당신을 주님으로 찬미하고 받들겠노라'라는 뜻의 라틴어로 시작되 는 오래된 찬송가.

# 바흐의 그늘 속에 있는
# 그의 부인

1989년 베를린장벽이 무너졌다. 이 소식을 듣고, 파리에 망명 중이었던 러시아 첼로 연주자인 므스티슬라프 로스트로포비치Mstislav Rostropovitch는 비행기에 올랐다. 11월 11일 토요일 통일 독일의 수도에서 그는 찰리 검문소에서 몇 미터 떨어진 벽 앞에 앉아, 악기를 설치하고는 요한 세바스찬 바흐의『무반주 첼로 모음곡Suites pour violoncelle seul』에서 발췌한「사라반드Sarabande」를 연주하기 시작했다. 그 이미지와 음악은 전 세계로 퍼졌다.

이 사건 전, 또 다른 위대한 첼로 연주자인 파블로 카살스Pablo Casals 덕에 바흐의 음악이 대중화되었다. 1930년대에 카살스는 여섯 개의『무반주 첼로 모음곡』전체를 처음으로 녹음한다. 그전까지는 모음곡이 기술적인 연습에만 쓰였기 때문에, 콘서트 프로그램에는 거의 등장하지 않았다. 음악 역사에 한 작품을 등재하는 데에는 때로 한 사람, 한 번의 만남 혹은 하나의 사건이면 충분하다. 걸작은 걸작으로 태어나지 않는다. 걸작은 만들어지고, 역사적 맥락과 맞아야 하고, 때로는 약간의 우연을 만나야 한다. 좋은 사람이 좋은 순간에 좋은 작품을 연주하는 것. 우리가 작곡가들에 대해 말하는 역사도 같은 절차를 따른다. 역사는 음악의 신이라는 경지에 오른 논쟁의 여지가 없는 천재들을, 결과적으로 침범할 수 없는 인물들을 창조해 낸다. 바흐도 그중 하나이다. 그의 음악은 음악학자와 음악 애호가의 귀에 황홀하고 신성하게 들린다. 바흐가 바로 신이다.

그렇다면 마틴 자비스Martin Jarvis 교수의 연구가 음악계에 작은 폭탄이 된 것은 놀라운 일이 아니다. 2011년에 호주의 비올라 연주자이자 오케스트라 지휘자인 마틴 자비스는 『바흐 부인이 작곡하다Written by Mrs Bach』라는 제목의 책을 출판했는데 이 책에서 그는 바흐의 『무반주 첼로 모음곡』에 대한 연구를 공유했다. 2014년에 다큐멘터리 영화로 제작된 이 연구에서 저자는, 이 여섯 개의 무반주 첼로 작품을 바흐의 두 번째 부인인 안나 막달레나 바흐Anna Magdalena Bach가 작곡했다고 단언한다. 이 결론에 도달하기 위해 마틴 자비스는 필적학을 공부했고, 여러 해 동안 악보를 연구했으며 바흐 작품 전문가와 이야기하고, 작곡가에게 헌정된 모든 전기, 작품 해제 및 편지를 다시 읽었다.

우선 그의 이론은 음악가로서 예술적 감각에 기반을 두고 있다. 그는 특히 바흐의 『무반주 바이올린을 위한 소나타와 파르티타』와 비교하며 두 작품이 같은 사람이 작곡한 것이 아님을 단번에 단언한다. 그가 볼 때 『무반주 첼로 모음곡』 은 『무반주 바이올린을 위한 소나타와 파르티타』와 비교할 때 완숙도가 다르며, 곡들의 진행 방식이 매우 고전적인 형식을 따르고 있는데 이는 바흐 작품에서는 드문 일이며, 같은 시기에 작곡된 곡들과 비교해 볼 때도 매우 달랐다. 여러 사람이 이 가설을 지지한다. 특히 논문 심사관은 이 주제에 대한 마틴 자비스의 견해를 받아들였는데, 그럼에도 안나 막달레나 바흐를 이 작품의 잠재적인 창작자로 다룬 두 개의 장을 삭제할 것을 요청한다. 그렇다. 요한 제바스티안 바흐가 이 작품의 작곡가가 아닐 수도 있지만, 작곡가가 그의 아내라는 것은 상상도 할 수 없는 일이다.

왜 바흐가 『무반주 첼로 모음곡』의 작곡가가 아닐까? 가장 설득력 있는 증거는 아니지만, 마틴 자비스의 책에서 언급된 첫 번째 증거는, 그 작품이 바흐의 손으로 쓰였다는 정확한 증거가 없다는 생각에 기반을 둔다. 원본은 발견되지 않았고, 단지 네 개의 사본만이 여러 시대에 걸쳐 전해졌다. 사본 두 개는 익명이고, 하나는 훨씬 후에 바흐의 제자가 만든 것으로 일부가 누락되어 있으며, 마지막으로 가장 완전한 사본에는 안나 막달레나 바흐의 서명이 있다. 이 마지막

악보에는 음악적으로 부정확한 표현들과 기보법의 오류가
많다. 따라서 이 사본은『무반주 첼로 모음곡』에 대한 참고
자료로 결코 사용되지 않았다. 하지만 이 사본은 마틴 자비
스의 주장에 대한 가장 명백한 증거 중 하나이다. 바흐 부부
의 필적을 분석하면서 이 악보가 복제된 것이 아니라 즉석
에서 작곡된 것으로 보인다고 추론했기 때문이다. 특히 그
에 따르면, 젊은 부인이 남편의 음악을 베끼기만 했다면, 눈
에 띄는 오류들은 상상조차 할 수 없는 것이다. 그는『무반
주 첼로 모음곡』과『무반주 바이올린을 위한 소나타와 파
르티타』가 포함된 사본에서 프랑스어로 쓰인 "그의 아내 바
헨Bachen 부인이 작곡한"을 언급함으로써 자신의 가설을 확
인한다. 자비스는 자신의 견해를 강조하기 위해 '사보하다'
가 아닌 '작곡하다'라는 단어를 사용한 정황에 대해 길게 강
조하고 있다.

이런 논증들을 넘어 다음과 같은 질문이 제기된다. "안나 막
달레나 바흐는 그런 작품을 작곡하기 위한 능력과 지식을
가지고 있었을까?" 바흐 부부의 과거를 살펴보면 바흐 부인
의 뛰어난 음악가 경력을 발견하게 된다. 소프라노 가수이
자 연주자였던 안나 막달레나 바흐는, 독일의 동부 도시 쾨
텐Köthen의 궁전에 정규직으로 고용된, 드문 여성 중 한 명

이었다. 그녀는 또한 그 궁전에서 가장 돈을 많이 받는 연주자들(남성들을 포함하여) 안에 들었다. 그 시절 저명했던 그녀의 남편이 400탈레르+를 벌었는데, 그녀는 300탈레르를 받았다. 끝으로 바흐에 대한 이야기와 전기에서는 안나 막달레나가 남편 옆의 필경사라는 과소평가된 역할로 그려졌다는 점을 잊지 말아야 한다. 바흐의 전기들에서는 그의 두 번째 부인을 조수로, 헌신적인 아내이자 열세 명(그중 여섯 명만이 살아남았다)의 아이를 극진히 살핀 어머니로 다룬다. 하지만 필사는 작품에 대한 수정과 교정 그리고 조언까지 가능한 작업이다. 안나 막달레나 바흐는 아마 남편의 최초의 청중으로, 세심한 귀 역할을 해주었을 것이다.

자비스의 이러한 견해는 입증이 아니라 질문이다. 음악 역사상 이런 경우가 처음이 아니기 때문에 그에 대한 반응은 잘해야 호기심을 갖는 것이고, 최악의 경우 놀라거나 회의적이다. 그러나 마틴 자비스의 책과 다큐멘터리는 엄청난 결과를 불러일으켰다. 수많은 사람이, 왜 그 이론이 허황된 것인지를 보여 주기 위해, 때로는 악의에 차서 자비스 연구의 신뢰성을 훼손하기 위해 많은 시간과 에너지를 바쳤다. 그렇지만 자비스는 다음과 같은 본질적인 질문을 제기한다. "여성 배우자들, 좀 더 일반적으로 말해 창작에서 여성의 위

+ 독일의 옛 은화.

치는 무엇일까? 그리고 왜 우리는 그처럼 천재적인 작품들
이 여성 창작자의 산물임을 받아들일 수 없는 것일까?"

　"모든 위대한 남자 뒤에는 여성이 있다." 이 옛날 격언은
음악에서 아주 완벽하게 확인된다. 이를 위해 우리는 사적
인 영역, 우리가 의도적으로 제쳐 두었던 은밀한 이야기를
연구해야 한다. 바로 그 안에서 오랫동안 연구 분야에서 사
소한 것으로 여겨졌던 여성들의 이야기를 종종 발견하기 때
문이다. 이런 이야기 속에서 바흐에게는 그의 많은 아이를
돌보고, 그의 음악을 베끼는 진절머리 나는 일을 하고, 전문
여성 음악가로서 가정에 추가 수입을 가져온 아내가 있었음
을 알 수 있다. 안나 막달레나를 좌절하고 난처한 상황에 처
했던 작곡가로 상상하기에는 미묘한 증거만이 남아 있지만,
클라라 슈만Clara Schumann, 알마 말러Alma Mahler(낭만주의
시대에 대한 장에서 이 여성들을 만날 수 있다) 혹은 삶의
마지막에 이런 '옹색한 조건'을 후회한 노르웨이 여성 아가
테 베커 그뢴달Agathe Backer Grøndahl과 같은 훨씬 이후 여성들
의 사례는 희생된 아내가 한둘이 아님을 보여 준다. 남편이
천재가 될 수 있는 모든 기회를 갖도록 남편에게 복종한 여
성들은 얼마나 될까? 왜냐하면 사람은 천재로 태어나지 않
고, 천재가 되기 때문이다. 훈련과 교육, 다른 예술가와의 만
남, 여러 번의 성공과 실패를 거치며, 특히 여행하고, 토론하

고, 성찰하고, 작곡하고, 집중하고, 실수하고, 다시 시작하는 데 보내는 시간을 거치며 천재가 된다. 그러나 여성들에게는 이런 시간이 없다. 작곡이 우선순위 목록의 맨 위에 올라가는 경우는 매우 드물며, 여성이 아내와 어머니일 때 특히 그렇다.

쓸 수 있는 시간이 부족하다는 것으로는 전부 다 설명되지 않는다. 온갖 제약에도 불구하고, 이러한 조건을 헤쳐 나가서 작곡을 한 여성이 수천 명이나 되기 때문이다. 그 여성들의 천재성에 대한 보충 증거가 필요하다면 다음과 같은 것이 있다. 음악으로 경력을 쌓는 일이 거의 불가능하고, 자녀를 돌보고 살림을 도맡아야 하며, 공적인 활동이 막힐 정도로 여성 혐오가 만연한 시대에 어떤 여성들은 이런 장벽들을 허물었다. 자신의 음악을 연주했고, 사람들은 경청하고 박수갈채를 보냈다. 이야말로 이 여성들의 작품의 질을 평가할 수 있는 궁극적인 증거가 아닐까?

오늘날에는 온전히 걸작으로 존재하기 위해서는 공식 직인이 필요하다. 이 라벨은 폐쇄된 사무실에서 얼마 안 되는 사람들이 결정하는 것이 아니다. 천재와 마찬가지로, 역사가 걸작을 만든다. 일정한 시기에 작품이 수용되는 것부터 때로는 수 세기 후의 재평가에 이르기까지 우리가 축복이라는 단어를 사용하기 전에 많은 사건(스캔들, 슈퍼스타의 해석, 영화에 선택된 음악, 광고)이 있을 수 있다. 여성 작곡가들은 축복으로 가는 이 긴 여정에서 고통받는다. 최근에서야 그들의 음악이 발견되었고, 가부장제가 최근 수십 년 동안에도 사라지지 않았기 때문에, 여성 작곡가들에게는 이른바 '걸작'이 여전히 눈에 띄게 부족하다. 어쩔 수 없는 것이 아니다. 언젠가 이 여성 창작자들이 천재가 되고 그들의 음악이 걸작이 되는 데에는, 눈에 띄는 사건이 발생하기만 해도, 시리즈물이나 혹은 새로운 이야기에 작품이 사용되기만 해도 된다. 종이로 보든 귀로 듣든, 그 어떤 것도 그 여성들이 이 지위에 도달하는 것을 방해하지 않기 때문이다.

## 선곡 목록 2

조르디 사발Jordi Savall이 연주하는 마랭 마레Marin Marais의 「농담Badinage」

마리아나 플로레스Mariana Flores가 연주하는 바르바라 스트로치의 「무엇을 할 수 있을까Che si può fare」

프란체스카 카치니의 「날 여기 내버려 둬요Lasciatemi qui solo」

음악 그룹 레 크리 드 파리Les Cris de Paris가 연주하는 비발디의 「베니스의 고아들Les Orphelines de Venise」

엘리자베스 자케 드 라 게르의 「케팔로스와 프로크리스」

엘리자베스 자케 드 라 게르의 「F 장조 조곡 중 토카드Tocade de la suite en fa majeur」

엘리자베스 자케 드 라 게르의 「바이올린, 비올라, 통주저음을 위한 D 단조 소나타」

파블로 카살스가 연주하는 바흐의 「무반주 첼로 모음곡」

**3**

고전주의의
혁명가들

지금까지 여성 작곡가는 음악사에서 예외적인 존재처럼 모습을 드러낸다. 금기에 도전한 여성들은 훨씬 더 영향력 있는 남성의 권유를 통하거나 혹은 어린 시절에 음악 세계에 빠져든 사람들이다. 더 이상 예외적인 존재가 아니라, 여성 작곡가가 남성과 (거의) 같은 자격으로 창작자가 되는 시기가 있을까? 아마 있었을 것이다. 18세기 여성의 역사와 문학 전문가인 재클린 레츠터Jacqueline Letzter와 음악학자 로버트 애덜슨Robert Adelson은 1770년에서 1820년 사이 프랑스혁명이라는 특정 시기의 일면에 관심을 두었다. 그들은 『오페라를 작곡하는 여성들 –프랑스혁명하의 여성 작곡가와 각본가Écrire l'opéra au féminin. Compositrices et librettistes sous la Révolution française』라는 책에서 이 50년의 시간을 분석했다. 음악사에서 이 연대는 고전주의 시대(한 세기 전에 문학에서 이름을 빛낸 고전주의와 혼동하지 말아야 한다)에 해당하며, 18세기 중반에 시작하여 19세기 초에 끝나고, 그 자리

를 낭만주의에 넘긴다. 오늘날 클래식 음악은 무엇보다 고
대부터 현대에 이르기까지 인간의 목소리와 악기를 위해 쓰
인 모든 작품을 가리키며, 흔히 구전으로 내려온 전통을 지
닌 대중음악 및 그 이후에 태어난 다른 모든 음악 장르(록,
포크, 재즈, 버라이어티, 팝, 일렉트로 등)와 대립된다. 이 장
에서는 클래식 음악의 고전주의 시대에 대해 알아보겠다.

# 오페라를 공략하는
# 프랑스 여성들

음악을 상당히 중시했던 루이 14세의 통치가 끝난 뒤 계몽
주의 시대는 음악보다 문학과 철학(몽테스키외, 루소, 디드
로, 볼테르)으로 더 빛을 발한다. 더욱이 프랑스 작곡가들은
주변 유럽의 작곡가들과 동일한 명성을 누리지 않았다. 볼
프강 아마데우스 모차르트 외에, 음악을 좀 아는 사람만이
에티엔느 니콜라 메월Etienne Nicolas Méhul, 프랑수아아드리
앵 부와엘디외François-Adrien Boieldieu, 프랑수아조제프 고세
크François-Joseph Gossec 또는 앙드레 그레트리André Grétry의 이
름(작품은 언급하지 않고)을 알 뿐이었다. 역설적으로 프랑
스에서 파리음악원le Conservatoire de Paris, 오페라극장l'Opéra,
오페라코미크극장l'Opéra Comique 같은 위대한 음악 기관들
이 만들어진 때가 바로 이 시기다.

　오페라극장과 오페라코미크극장은 그 이름과 공연 장
소가 수 세기에 걸쳐 바뀌었다. 오늘날 팔레 가르니에palais
Garnier와 오페라 바스티유l'Opéra Bastille에 자리 잡은 파리오

페라극장 l'Opéra de Paris은 열세 개 홀에서 관객을 맞이한다. 현재 파리 2구에 있는 오페라코미크극장은 1783년 4월에 개관한 이래 그 건물이 크게 변하지 않았다. 파리음악원은 왕립노래웅변학교l'Ecole royale de chant et déclamation와 시립음악학교l'école de musique municipale가 합쳐진 것이다. 이 두 시설은 1793년 국립음악원l'Institut national de musique이 되었다가, 2년 후 국민공회(혁명하의 정치 체제)가 파리음악원의 개원을 공포했고, 이 음악원은 베르제르가의 므뉘플레지르 청사Hôtel des Menus-Plaisirs에 자리 잡는다(이곳은 오늘날 파리 9구의 콩세르바투아르가이다).

음악학자 플로랑스 로네Florence Launay는 19세기 프랑스 여성의 음악 교육에 관한 연구에서 당시의 교육 기관은 남녀 공학이었다고 명시한다. 여성의 대학이나 미술학교Beaux-Arts 입학은 한 세기 후에 허용된다. 어쨌든 음악원 수업은 분리되어 있으며 모든 수업에 여학생이 참여할 수 있는 것은 아니었다. 예를 들어 여학생은 현악과 관악, 혹은 화성 수업에서 배제되었다. 여성들은 성악, 피아노, 하프시코드 그리고 기초음악이론 수업에 만족해야 했다. 왜 그렇게 구분했을까? 남녀 공학에서의 이러한 성별 구분은 여성의 열등함과 차이를 증명하려고 시도한 한 세기 안에 이뤄진 연구와 조사의 결과였다.

『여성의 신체와 도덕 체계Système physique et moral de la femme』
(1809년)『인류의 자연사L'Histoire naturelle du genre humain』
(1800년),『여성의 자연사Histoire naturelle de la femme』(1803
년) 등 에블린 페르Évelyne Peyre와 조엘 위엘Joëlle Wiels의 연구
에서 인용된 이 책들은 역사상 처음으로 남성과 여성의 차
이에 대해 과학에 가까운 담론을 제시한다. 여기에서 여성
들은 당연히 멋진 역할을 하고 있지 않다. 여성은 더 약하고,
더 예민하고, 특히 덜 지적이다. 궁극적인 증거는? 여성 두
뇌가 남성 두뇌보다 더 작다(이 연구는 그 후 무효화되었다
는 사실을 명확히 밝힌다). 여성의 지적 능력이 낮다면 여성
에게 공부를 시키는 것이 무슨 의미가 있는가? 음악 영역에
서는 작곡 같은 음악원의 몇몇 수업에 여성이 참여할 수 없
다는 것으로 해석되었다. 작곡은 완벽하게 숙달해야만 하는
엄격한 규칙, 거의 수학에 가까운 규칙을 따라야 하기 때문
이다. 여성들은 노래하는 것을 배우고, 피아노나 하프시코
드 연주법을 배울 수는 있으나, 창작은 절대 배울 수 없다.

그러나 희극적이거나 감상적인 장면으로 일상의 이야기
를 들려주는 가벼운 음악 장르가 탄생하면서 여성들에게도
작곡의 문이 열렸다. 여성 작곡가들은 코믹오페라를 장악했
다. 뤼실 그레트리Lucile Grétry, 플로린 드제드Florine Dezède, 카
롤린 위이에트Caroline Wuiet, 쥘리 캉데유Julie Candeille, 마리

엠마뉘엘 베이옹 루이Marie-Emmanuelle Bayon Louis, 콩스탕스 드 살므Constance de Salm, 잔이폴리트 드비스므Jeanne-Hippolyte Devismes, 소피 드 바우르Sophie de Bawr, 소피 게일Sophie Gail, 앙리에트 보메스닐Henriette Beaumesnil, 소피 게Sophie Gay, 이자벨 드 샤리에르Isabelle de Charrière 같은 여성들이다. 재클린 레츠터와 로버트 애덜슨은 공저한 책에서 프랑스혁명 전후 기간에 여성 작곡가(또는 여성 각본가) 스물세 명이 작곡한 오페라 54편 이상을 검토했다. 이는 음악 역사상 유례가 없는 일이다. 여성들은 코믹오페라의 출현뿐 아니라 혁명 동안 부화한 페미니즘 사상, 특히 『여성과 여성 시민의 권리 선언Déclaration des droits de la femme et de la citoyenne』을 쓴 여성 작가인 올랭프 드 구주Olympe de Gouges의 사상을 이용했다.

그녀의 가까운 친구 중에 여성 해방에 대한 메시지를 담은 오페라 「카트린 또는 아름다운 농부Catherine ou la Belle Fermière」의 여성 작곡가인 쥘리 캉데유Julie Candeille가 있다. 1792년에 쓰이고 작곡된 이 작품은 35년 동안 150회 공연되었는데, 당시로서는 엄청난 성공이었다!

그 대본에는 모든 애정 관계에서 벗어나 홀로, 자유롭고 독립적으로 살기를 원하는 과부 카트린이 등장한다. 그녀는 여성이어서 처하게 된 조건에 분개하며 "여성의 타고난 결점은 결코 타고난 것이 아니라 오히려 남성의 부당한 대우

에서 비롯한 것이다"라고 지적한다. 그 시대의 도덕이 강요
해서 그러했는지 어쨌든 그녀는 다시 사랑에 빠지고 결혼하
게 된다. 작곡가이자 대본가일 뿐만 아니라 뛰어난 가수였
던 쥘리 캉데유는 카트린 역할을 직접 연기하기도 했다.

그런데 이것이 전부가 아니다. 쥘리 캉데유는 18세기 여
성들에게 허용된 두 개의 드문 악기인 하프와 피아노를 연
주했다. 이 모든 활동 중에서 가수의 활동이 가장 어렵다. 다
른 국가들과 반대로 프랑스는 결코 여성들이 무대에 서는
것을 금지하지 않았다. 그 대신 비난을 했다. 바로크 시대의
이탈리아와 마찬가지로, 여성 가수는 유녀遊女로 간주되었
다. 쥘리 캉데유도 이런 취급에서 벗어나지 못했지만, 이러
한 비난에 대해 용감하게 자신을 방어한다. 사람들이 그녀
를 창녀에 비교하고, 무대 위 직업 가수들은 남편을 제대로
돌볼 시간이 없다며 욕설을 뱉자, 시간이 문제라면 바람 피
울 시간도 없다고 반박함으로써 자신의 명예를 지켜 냈다.

혁명 시기에 페미니스트들의 목소리는 전혀 고립되어 있
지 않았다. 여성 예술가들을 위해, 한 여성이 그녀들의 투쟁,
욕망, 존재 의지를 높이 치켜들었다. 1797년 여성 시인 콩스
탕스 드 살므는 동시대 여성들에게 감히 남성과 같은 방식
으로 예술을 창조하고 장악하라는 충격적인 호소문 형식의
"여성들에게 보내는 서한"을 쓴다. 당대 유명 남성 시인이

여성의 창작을 비판하는 시+에 대한 답으로 쓰인 이 경고는 현 사회에도 강한 울림을 전한다. 그래서 우리는 여전히 오늘날에도 다룰 수 있는 주제가 될 수 있도록 서신이 쓰인 후 200여 년 동안 무슨 일이 벌어졌는지 묻게 된다.

모든 시대에 걸쳐 남성은 우리 여성이 예술을 연구하고 예술에 대한 소양을 갖추지 못하게 하려고 노력했다. 그런데 현재 이런 견해가 그 어느 때보다 유행하고 있다. 어디를 가든, 어느 쪽으로 돌든 이 주제에 관한 토론으로 귀가 멍해지며, 이런 토론에서는 관례적으로 당파성이 이성보다 더 많이 작용한다. 나는 이러한 공격에 대응하려는 욕구를 오랫동안 인내해 왔으며, 지금처럼 계몽의 세기에는 그러한 공격이 아무런 결과를 가져오지 못할 것이라고 상상했다. 그러나 여성이 지나칠 정도로 자주 궤변으로 변하는 농담의 대상이 되는 것을 보는 데 지쳐서 마침내 나는 내 성性을 옹호하기로 결심했다. 여성들에게 보내는 이 서신은 남성의 권리를 해치지 않으면서 여성의 권리를 옹호하는 데 그 목적이 있다. 그럼에도 불구하고 내가 그

---

+ 당대 유명 시인인 퐁스드니 에쿠샤르르브룅(Ponce-Denis Écouchard-Lebrun)은 "뮤즈와 닮기를 원한다면, 영감을 주라, 하지만 쓰지는 말라"라고 쓰며 여성들을 자극했다.

들에 대해 일반적으로 말하는 방식에 불쾌감을 느끼는 사
람들이 있다면, 오래전부터 이런 종류의 비판을 남성들이
이미 우리에게 해 왔다는 점을 숙고해 주시기 바란다.

살므, 구즈, 바우르, 샤리에르…. 18세기 말에 활동한 여성
작가나 창작자 대부분은 귀족 출신이었다. 이 여성들은 교
육을 받았고 야망이 있었다. 그러나 혁명은 기존의 질서를
흔들었다. 어떤 여성은 남편을 잃고, 또 다른 여성은 모든
재산과 부를 잃었다. 이러한 반전은 혁명 이후의 여성들에
게 특별한 촉진제가 되었다. 여성들은 더 이상 오락거리를
위해서가 아니라 먹고살기 위해 예술에 주력했다. 혁명 이
전에 이들은 페미니스트 운동에 이끌렸다. 혁명 이후에 이
들은 경제적, 물질적 관심사에 이끌린다. 두 경우 모두에서
이들은 자신의 작품으로 파리와 전국의 무대를 차지했다.

　2020년 오페라코미크극장에서 이 공연장을 거쳐간 여
성들을 주제로 열린 심포지엄에서 플로랑스 로네는 르 세
네샬 드 케르카도 Mlle Le Sénéchal de Kercado의 삶을 되돌아
보았다. 그녀의 오페라 「의도적 멸시 혹은 이중의 교훈La
Méprise volontaire ou la Double Leçon」은 1805년 알렉상드르 뒤
발Alexandre Duval의 대본으로 페이도Feydeau극장에서 공연되
었다. 당시 초연은 관객에게 창작자를 알리지 않은 채 공연

되었고, 공연이 끝난 후에 이름을 공개했다. 대본을 쓴 알렉상드르 뒤발은 (연주자들과 극장장과는 달리) 리허설 당시 오케스트라에게 열아홉의 젊은 여성이 작곡한 음악이라는 사실을 알리지 않는 방식으로 르 세네샬 드 케르카도의 음악을 지지했다. 그는 이렇게 언급했다. "그 작품의 리허설을 하는 동안, 배우와 음악가 들은 젊은 작곡가의 재능을 진심으로 존경하게 되었다."

첫 번째 공연 날이 다가온다. 관객은 마지막 정보가 '공개' 될 때까지 작품에 대한 열정을 보여 준다(당시에는 객석이 오늘날처럼 조용하지 않았다). "작품이 끝나고 관례에 따라 작곡가들의 이름을 알렸을 때, 관객은 자신들이 느낀 즐거움이 열아홉 살의 젊은 여성 덕택이란 사실을 알고는 매우 놀랐다."라고 뒤발은 썼다. 당시의 한 비평가는 "늙은 숭배자들"이 이 작품에 불만을 드러냈다고 지적했고, 또 다른 비평가는 다음과 같이 썼다. "고상한 척하는 사람들은 그 작품이 여성의 손에서 나오는 것이 불가능하다고 판정을 내렸다. 여성을 가장 경멸하고 억압하는 자들은 여성의 환심을 사려고 가장 애쓰는 사람들이다." 가장 신랄한 발언은 오케스트라 연주자들로부터 나왔다. 작곡가의 성별을 인식한 후에(틀림없이 나이도 역시), 오케스트라 연주자들은 경영진 측에 작품을 비판하고 헐뜯고는, 그 작품을 단 열 번만 연주

하고는 레퍼토리에서 완전히 사라지게 만들어 버렸다. 조롱
과 폭력적인 비난에 고통스러워한 젊은 르 세네샬 드 케르
카도는 다시 나타나지 않았고 이름도 잊혔다.

여성 오페라 작곡가 중 일부는 자신들의 작품이 연주되는
행운조차 얻지 못했다. 카롤린 위이에트의 경우가 이에 해
당한다. 그녀는 1768년 랭스Reims에서 태어났고 아버지
는 오르간 연주자였다. 일찍이 음악에 재능이 있어 이를 발
전시켰다. 마리 앙투와네트는 그녀의 재능을 발견한 뒤 보
호하며, 수준 높은 예술 교육을 제공했다. 앙드레 그레트
리André Grétry가 음악을, 보마르셰Beaumarchais가 연극을, 장
바티스트 그뢰즈Jean-Baptiste Greuze가 미술을 가르쳤다. 결과
적으로 카롤린 위이에트는 작곡가, 극작가이자 여성 문인
그 이후에는 잡지의 창간인이자 예술 평론가가 되었으며,
변장에 대한 취향으로 유명했다. 이 젊은 여성은 종종 남자
로 위장했다. 자신의 오페라를 공연하지 못한 데서 생겨난
취향일 것이다. 여성으로서 차별받는다는 사실을 인식한
그녀는 옷차림새를 포함하여 자신이 남자들처럼 생각하고,
창작하고, 행동할 수 있다는 것을 증명하기 위해 평생 노력
했다.

극작가면서(그녀의 작품 중 두 편은 파리의 보졸레

Beaujolais극장에서 상연되었다) 여성 작곡가로서 그녀는 상당한 명성을 얻는다. 1797년에는 문화와 철학을 전문으로 하는 여성 전용 클럽을 창립하기에 이른다. 2년 이후부터는 잡지를 연속으로 창간한다. 첫 번째 잡지인『서클Cercle』을 창간해서는, 주로 정치를 다뤘다. 그 뒤에는『나비Papillon』를 창간하는데, 이 간행물은 예술 비평이 수록된 예술 및 오락 잡지이다. 그다음 창간한『불사조Le Phénix』역시 여전히 정치와 문학을 향해 있고, 마지막으로『파리La Mouche』는 이전 간행물(『불사조』)의 후속이다. 거기에 카롤린 위이에트는 소설도 쓰고 패션계에 글을 기고하기도 한다. 패션을 전문으로 다룬 최초의 프랑스 잡지 중 하나인『여성과 패션 Journal des dames et des modes』에 글을 썼다. 마지막으로, 그녀는 공포 정치 체제가 조성한 우울함을 깨고자 하는 기이한 패션 트렌드인 '놀라고 멋진Incroyables et Merveilleuses' 운동에 합류한다. 생의 마지막은 별로 영광스럽지 않았다. 그녀는 정신 장애로 고통받다가, 특정한 거주지가 없어 생클루Saint-Cloud공원에서 사망했다.

　여성들이 자신들의 정치적 견해, 의견, 예술적 비전을 공유했던 혁명 이후의 기세는 오래가지 못했다. 1793년 단두대에 올랐던 올랭프 드 구주처럼 일부 여성은 완전히 침묵 속에 갇혔다. 새로운 법은 여성들에게서 군대에 입대하고,

동호회나 클럽을 결성하고, 거리에서 집결하는 권리를 박탈
해 버렸다. 마침내 나폴레옹 제국과 그 민법이 도래하면서
여성들은 모든 것을 박탈당한다. 여성은 남편에게 복종해야
했고, 남편이 여성을 위해 모든 것을 결정했다. 이 새로운 억
압 시스템은 여성 혐오로 유명한 19세기를 열고, 여성을 침
묵 속으로 그리고 가정으로 몰아넣었다.

# 카스트라토의 종말과
# 디바의 등장

노랫소리가 위험한가? 아니, 그보다는 여성의 노랫소리가 위험하다고 해야 할까? 그리스 신화에서는 반은 여자이고 반은 새인, 북유럽 신화에서는 반은 여자이고 반은 물고기인 세이렌은 남자를 죽이기 전에 그를 매혹하려고 노래를 부른다. 『오디세이아』에서 영웅 율리시스는 세이렌에 굴복하지 않기 위해 배 돛대에 자기 몸을 묶는다. 이 시련에서 그는 단순히 매혹적이고 저항할 수 없는 멜로디만 듣는 것이 아니다. 세이렌은 그에게 새로운 지식을 약속하고, 그의 지식을 다시 찾아 주고, 고통을 끝내 주겠다고 약속한다. 치명적인 유혹이다. 가까이 다가가면 잡아먹힌다.

세이렌의 노랫소리는 여성이 실제 삶에서 가지고 있을 것이라고 믿어지는 힘, 즉 남성을 노예로 만들기 위해 매혹하는 힘을 보여 준다. 만약 여성의 노랫소리가 위험을 드러낸다면, 여성을 침묵하게 해야 한다. 이것은 가톨릭의 메시지 중 하나가 될 것이다. 신약 성경 중 한 권인 『고린토인들에게 보낸 첫째 편지』에서는 "성도의 모든 교회에서 함과 같이 여자는 집회에서 잠잠할지니 거기서 말하는 것이 허락되지 아니함이라"라고 명령한다. 약 2000년 전에 쓰인 이 문장은 수 세기 동안 여성의 목소리, 즉 말소리와 특히 노랫소리를 억압해 온 수많은 금기의 근거다.

여성이 교회에서 노래하는 것을 금하는 조항은 16세기에 이르러 무대까지 확대되었다. 예를 들어 이탈리아와 스페인의 극장 대부분은 더 이상 여가수들을 수용하지 않는다. 그렇다면 특히 오페라에서 고음이 가장 강조되는 부분을 어떻게 처리해야 할까? 여성들이 무대에서 배제된다면, 여성 등장인물을 어떻게 연기해야 할까? 그때는 남자아이들이 어린 시절의 목소리를 간직할 수 있도록 고환을 잘라 내면 된다. 이런 조직적 야만성은 1902년 교황 레오 13세가 거세 및 교회 음악에 거세된 가수를 쓰는 것을 금지할 때까지 3세기 동안 지속되었다. 카스트라토(거세된 가수)의 엄청난 성공은 어떤 '필요' 뿐 아니라 그 목소리의 질로 설명된다. 고환이 사춘기 이전 즉 8~12세에 제거되면, 후두가 발달하지 않아 아이는 고음을 간직하고, 자라면서 어른의 가창력을 얻게 된다. 그러면 카스트라토는 특이한 목소리를 갖게 되지만, 어떤 대가를 치러야 할까? 고환 절제는 성장을 촉진하지만(카스트라토는 큰 몸집으로 잘 알려져 있다) 근육 발달

과 모발 및 뼈의 성장을 방해한다. 몇몇 경우에 기형의 희생
자가 되거나 면역 체계가 매우 약해진다.

그들 중 가장 유명한 파리넬리Farinelli의 운명은 눈부시지
만, 전형적이지는 않다. 파리넬리는 넉넉한 가정에서 태어
났다. 반면 대다수 카스트라토는 가수로 성공해 출세하고
자 했다. 그러나 그 길은 막힌 길이다. 18세기 이탈리아에서
매년 거세된 평균 5000명의 남자아이 중 단지 10퍼센트만
이 음악 분야에서 경력을 이어 갔다. 나머지 거세된 아이들
은 다른 곳에서 일자리를 찾아야만 했다. 파리넬리는 유럽
전역에서 수요가 있었다. 탁월한 가창력과, 특히 3옥타브를
넘나드는 넓은 음역으로 많은 돈을 벌었다. 이탈리아에서는
카스트라토 둘이서 직접 경쟁하는 대회가 개최되었다. 그
들은 유명한 아리아를 통해 자신의 기교와 즉흥적인 기량을
선보였다. 사람들은 한 가수가 유연함과 섬세함 그리고 신
속함에서 다른 가수를 능가하면 박수를 친다. 그들은 고음
을 가능한 한 아주 오랫동안 유지하고, 바이브레이션과 변
주를 거치며 이 소리들을 아주 유연하고 강렬하게 물들였
다. 이 대회는 대중의 사랑을 많이 받았는데, 파리넬리는 여
기에서 우승하여 절대 스타인 '디보 아솔루토Divo assoluto'가
된다. '디바Diva'의 남성형이 '디보Divo'다. 최초의 디바들은
사실 남자, 즉 카스트라토들이었다.

프랑스에서는 이 시기에 무슨 일이 벌어졌을까? 관객들은
카스트라토의 출현을 별로 받아들이지 못했던 것 같다. 반
대로 그들의 몸은 혹평과 조롱을 받았다. 비록 관객들은 여
성 가수들에게 가혹한 시선을 보냈지만 그래도 무대에서
여성 가수들을 보는 것을 더 선호했다. 음악학자 라파엘 르
그랑Raphaëlle Legrand은 공저한 에세이『성적 해방 또는 신체
의 구속Émancipation sexuelle ou contrainte des corps』에서 '자유로
운 여성과 정숙한 여성-18세기 프랑스의 오페라와 오페라
코미크 여가수의 이미지'라는 제목의 장을 쓴다. 그 글에서
이 직업의 위치와 관련된 역설을 폭로한다. 코메디이탈리
엔Comédie-Italienne(1762년 오페라코미크와 합쳐짐)의 여성
들은 남성과 똑같은 급여를 받고, 가수를 직업으로 여겼으
며 때로는 극장을 운영할 수 있었다. 다만 그 대가로 여성들
은 종종 대중에게 나쁜 평가를 받고 폭력적인 조롱을 당했
다. 이러한 조롱은 때때로 공연 중간에 일어났는데, 악의적
이고 시끄러운 남성들이 입석에서 특정 여성 가수의 기회를
빼앗았다. 게다가 이 여성들은 목소리만큼 연기, 외모, 육체
가 중요했기 때문에 가수가 아닌 '노래하는 여배우'로 불렸
다. 그래서 가창력만큼이나 얼굴, 몸매, 외양을 중시하는 논
평이 많다.

  오페라의 여성 배우들과 코메디이탈리엔의 여성 배우들

간의 중요한 차이는 독신이냐 아니냐에 있었다. 루이 14세
의 사랑을 독차지한 작곡가 장바티스트 륄리(또 이 남자라
니!)는 여성 가수에 대해 규칙을 하나 만들었다. 여성 가수
는, 임신 때문에 공연에 불참하는 일이 생기지 않도록 항상
독신이어야만 했다. 그들은 삶을 가정이 아니라 음악에 바
쳐야 한다. 반대로 오페라코미크 가수는 결혼하거나 헤어질
수 있었고, 때로는 과부(과부는 흔히 자유로워지는 데 있어
최고의 지위인데, 줄리 캉데유도 결국 이 지위를 얻었다),
정부情夫, 자유롭게 연애하는 사람, 심지어 매춘부가 되기도
했다. 모두 다 예술로 먹고살 만큼 충분히 돈을 벌지는 못했
다. 그래서 일부는 자신의 필요를 충당하기 위해 몸으로 일
해야 했다. 이 여성들에 대한 평판이 단지 풍문에만 근거를
두지는 않았지만, 낙인을 찍는 것은 명백하게 정당화될 수
없다. 이 여성들이 그 시대의 언론, 시, 노래에서 당한 폭력
은 무시무시하다. 이는 1765년 샤를 콜레Charles Collé가 오페
라코미크의 여성 가수들에 대해 쓴 시詩 속에 나타난 단어들
로 알 수 있다.

　품위 있는 분위기를 풍기는 르미에르
　사람들이 말하기를 100프랑이면 산다고.
　그녀는 맞는 것을 좋아한다지만.

그 여자를 피하는 사람은 행복하다.

이렇게 쏟아지는 증오에도 불구하고 일부 여성 가수는 특
권적 지위에 올랐다. 대중과 비평가에게 두루 사랑받은 그
들은 직업적으로도 존중받았다. 몇 사람의 예를 들자면 마
리테레즈 라뤼에트Marie-Thérèse Laruette와 마리잔느 트리
알Marie-Jeanne Trial은 샹티이Mlle Chantilly와 같은 운명을 겪지
않았다. 샹티이는 1745년 코믹오페라 연극 감독인 샤를시
몽 파바르Charles-Simon Favart와 결혼해, 쥐스틴 파바르Justine
Favart가 된다. 가수이며 댄서이자 극작가인 그녀는 오페라
의상 분야에서 작은 혁명을 일으켰다. 실제로 쥐스틴 파바
르는 의상에 진정성이라는 개념을 도입했다. 쥐스틴 파바르
덕택에 남녀 가수들은 이후 작중 인물에 부합하는 의상을
입고 연기하게 되었다. 1878년 작곡가 자크 오펜바흐Jacques
Offenbach는 혁명 이전의 파리 극장에서 유명한 커플의 모험
을 추적하는 오페라코미크 「마담 파바르Madame Favart」를 통
해 18세기의 중요한 인물에게 경의를 표한다. 게다가 현재
파리의 오페라코미크 극장은 이 건물에 고귀함을 더한 연출
가와 여성 음악가를 기리기 위해 파바르 극장으로 불리기도
한다.

오페라 여가수의 힘 없고 모호한 지위는 이후 진화하여 19세기에 이르면 존경을 받게 되고 영광의 정점에 도달한다. 마리아 칼라스Maria Callas 이전 클래식 음악계에는 유럽 전역에서 격찬을 받는 디바들이 존재했다. 가장 저명한 디바 중의 한 명은 스페인 태생의 프랑스 메조소프라노 마리아 말리브랑Maria Malibran으로 일명 말리브랑으로 불린다. 그녀의 이야기는 19세기 초에 디바에게 자리를 내어 준 디보(카스트라토)의 쇠퇴와 완벽하게 얽혀 있다. 말리브랑은 가수 커플의 딸로서, 아버지는 준엄하고 때로는 폭력적인 방식으로 노래를 가르쳤다. 아버지 마누엘 가르시아Manuel García는 수업에서 무엇도 그냥 지나치게 내버려두지 않았다. 종종 고함과 눈물로 끝나는, 끝없이 이어지는 수업을 통해 딸의 목소리를 길들이기 위해 노력했다. 이런 집요함에는 마리아의 보컬 재능에 대한 진심 어린 감탄이 숨겨져 있다. 마리아는 17세의 나이에 전격적으로 런던 공연 무대에 오르며 혜성처럼 음악계에 등장한다.

1825년 런던에서 마지막 위대한 카스트라토 중 한 명인 잠바티스타 벨루티Giambattista Velluti는 주연을 맡은 자신을 위해 특별히 작곡된 자코모 마이어베어Giacomo Meyerbeer의 오페라 「이집트의 십자군」에서 노래를 불렀다. 이 오페라 외에도 그는 런던 대중이 몹시 기다려 온 단독 콘서트를 몇

번 열었다. 카스트라토가 전성기를 누리지 못할 때에도 벨
루티 같은 인물의 이름은 유럽 전역에 알려져 있었다. 1980
년대의 인기 가수가 지금 콘서트를 여는 것과 비슷하다. 사
람들은 무엇보다 그의 명성 때문에 공연에 갈 것이다. 마누
엘 그라시아도 그의 공연을 보려고 딸과 함께 갔다. 이 공연
에서 벨루티는 자신의 프로그램에 18세기 이탈리아 작곡가
니콜로 안토니오 징가렐리Niccolò Antonio Zingarelli의 오페라
「로미오와 줄리엣」에 수록된 듀엣곡을 넣었다. 그런데 어떤
여성 가수도 그와 함께 무대에 오르고 싶어 하지 않았다. 디
보의 변덕과 그의 목소리에 압도될까 봐 두려웠다. 마누엘
가르시아는 그 기회를 잡아 극장 감독에게 딸의 재능을 추
천했다. 그렇게 마리아는 17세의 나이로 데뷔하면서 44세
인 당대 최고의 스타와 함께하게 된다

　목소리가 매우 유연한 카스트라토는 피아니시모⁺ 음에
서 공연장 전체를 채우는 강력한 목소리로 노래했다. 그의
뛰어난 보컬 실력, 결코 멈추지 않을 듯 이어지는 음, 그리
고 설명하기 어려울 정도로 독특한 음색은 말할 것도 없다.
1902년에서 1904년 사이에 그의 목소리를 녹음해 둔 것이
있기는 하지만 당시 녹음 기술이 너무 조악하여 지글거리는
소리만 나서 한 세기 전의 대중에게 박수갈채를 받은 음악

⁺ '매우 약하게'의 의미.

과는 거리가 멀다. 그 거장 옆에서 마리아도 따뜻하고 응원
이 담긴 박수갈채를 받았다. 이 공연은 마리아의 국제적인
경력이 시작되었으며 19세기 가장 위대한 인물들의 찬사를
받기 시작했음을 알리는 신호탄이었다. 단지 목소리 때문에
만 유명해진 것은 아니다. 마리아 말리브랑은 매우 아름다
웠고, 무대에서는 탁월한 연기력으로 자신이 맡은 배역을
넘어섰다. 제스처, 얼굴, 목소리, 표현력을 통해 대중을 울리
고, 작곡가, 작가, 시인 들을 당황하게 했다. 디바의 지위에
오른 그녀는 더 이상 고전 시대 오페라코미크의 난잡한 가
수가 아니라 찬사와 존경을 받는 하나의 아이콘이 되었다.
마리아 말리브랑은 18세기의 다소 단조로운 멜로디나 경박
한 양치기 역할과는 거리가 먼「돈 조반니」(모차르트)의 체
를리나Zerlina, 「세비야의 이발사」(로시니)의 로시나Rosina
또는「노르마Norma」(벨리니)의 노르마Norma같이 오페라에
서 가장 중요한 역할을 연기했다.

　그런데 한참 상승 가도를 달리던 마리아 말리브랑은 스물
여덟의 나이에 승마 사고로 돌연 사망했다. 무대에 몸과 마
음을 바친 여주인공들에게 공감을 불러일으킬 비극적 결말
이었다. 알프레드 드 뮈세Alfred de Musset가「말리브랑에게À la
Malibran」라는 시를 바친 것처럼, 예술계는 그녀의 죽음을 애
도했다.

오, 아름답고 사랑스러운 뮤즈 니네트[+]여,

산사나무 꽃의 옅은 향기처럼

저녁마다 영감에 사로잡힌 그대의 입술 위에서 흩날리던

사랑과 매력 그리고 공포로 가득한 그 목소리는 어디에

있나요?

이제는 슬픔에 잠긴 목소리,

그대 가슴에 이어진 생생한 그 하프 소리는

어디에서 울리고 있나요?


명랑하고 정열적인 소녀여,

위트와 재치로 코릴라[++]에게 생명력을 불어넣고,

사랑스러운 룰라드[+++]와 스페인 여성의 눈빛으로

로시나를 노래하며 우리를 사로잡은 것이

어제가 아니었던가요?

「버들의 노래」[++++]를 부르며

[+] 니네트(Ninette)는 로시니의 오페라 「도둑까치La gazza larda」에 등장하는 시골 처녀 니네타의 프랑스식 이름으로 말리브랑의 별명이기도 하다.

[++] 코릴라(Corilla)는 이탈리아 작곡가 프란체스코 그레노(Francesco Gnecco)의 2막짜리 익살극 「진지한 오페라의 리허설La prova d'un opera seria」에 등장하는 인물

[+++] 룰라드(roulade)는 두 음 사이의 빠르고 연속적인 장식음.

[++++] 「버들의 노래」는 베르디의 오페라 「오셀로」에서 데스데모나가 부른 아리아 중 하나.

장갑을 벗은 그대의 두 팔 위로 눈물이 떨어졌던 것이
어제가 아니었던가요, 창백한 데스데모나여.

웃으며 바닷속으로 뛰어들어 헤엄치고,
나폴리 하늘 아래서 타란텔라*를 부르며
천사와 사자의 마음으로, 자유로운 철새로,
오늘 저녁엔 장난꾸러기 아이로, 내일은 성스러운 예술가로
꽃다운 나이에 리라를 손에 들고 유럽을 가로지르던 것이
어제가 아니었던가요?

그녀의 죽음이 커다란 공허를 남기자 여동생 폴린Pauline이
이를 채우려고 시도한다. 폴린은 뛰어난 선생인 프란츠 리
스트Franz Liszt의 도움으로 피아니스트로서 성공적인 경력이
보장된 상태였다. 리스트는 폴린에게 이런 편지까지 썼었
다. "모든 이들이 당신을 경탄하지만, 저는 수년 전부터 탁
월하게 당신을 경탄해 왔다고 자부합니다." 하지만 폴린 가
르시아는 어머니의 지시에 따라 노래를 시작한다. 마리아
말리브랑의 사망 이후, 그녀의 어머니이자 소프라노 가수인
호아키나 시체스Joaquína Sitchez는 둘째 딸이 말리브랑의 명
성을 이어 주기를 바랐다. 언니보다 보컬 재능이 덜했던 폴

+ 타란텔라(tarentelle)는 이탈리아 남부 지방의 3박자 춤, 또는 그 곡.

린은 무대에서 돋보이기 위해 풍부한 표현력과 음악적 재능에 모든 것을 건다. 친구 조르주 상드George Sand의 표현을 빌리자면 폴린은 "세계 최초의 여성 성악가"가 되었고, 상드의 소설『콘수엘로Consuelo』에서 주인공인 베네치아 여성 가수에 영감을 주었다. 상드는 또한 폴린에게 코미디이탈리엔의 단장과 결혼하라고 조언했고, 1840년 폴린 가르시아는 결혼을 해서 폴린 비아르도Pauline Viardot가 되었다.

폴린 비아르도의 삶은 단지 그녀의 목소리와 뮤즈로서의 지위로만 요약할 수 없다. 그녀는 샤를 구노Charles Gounod와 쥘 마스네Jules Massenet 같은 젊은 작곡가들의 음악을 대중에게 소개했다. 카미유 생상스Camille Saint-Saëns가 "신성한 음악의 사원"이라 칭했던 파리 9구의 그녀의 저택이나, 파리의 기품 있는 공연장에서 그 곡들을 노래했다. 그녀 덕분에 헨델, 글루크Gluck, 혹은 륄리 같은 약간 잊혔던 바로크 작곡가들의 이름이 다시 등장했다. 또한 그녀는 1854년에 모차르트의 오페라「돈 조반니」의 수사본 악보를 구입하여 자신의 집을 수많은 예술가의 순례지로 만들었다.

41세까지 폴린 비아르도는 목소리와 완벽한 발성으로 유럽 무대를 뜨겁게 달궜다(그녀는 여러 언어에 능통했고, 여섯 가지 언어를 유창하게 구사했다). 마흔을 넘어서면서는 작곡에 전념했고, 이탈리아 가수 세실리아 바르톨리Cecilia

Bartoli가 가치를 높인 아리아 「하이 룰리Hai Luli」를 포함해 250개 이상의 악보를 남겼다. 어디서 노래하든 찬사를 받으면서도 고결했던 이 시기의 디바는 감탄을 불러일으키는 가창력으로 가장 가벼운 피아니시모에서 가장 화려한 멜리스마[+]에 이르기까지 모든 것을 완벽하게 노래할 수 있었다. 2세기 동안에 의심스러운 평판을 받아 온 여성 가수들은 이렇게 전 세계 도처에서 사랑받는 스타가 되었다. 카스트라토들이 여성 가수들을 위해 쓰인 가장 아름다운(그리고 비극적인) 역을 연기하는 여성 가수의 세대에 자리를 넘기고 무대를 떠나면서, 19세기의 변화가 일어났다.

---

[+] 한 음절에 여러 음을 붙여 빠르게 부르는 음형.

# 혁신적인 피아니스트, 엘렌 드 몽제루

이 장면은 (무엇보다) 누가 단두대에 가야 하는지를 결정하는 새로운 혁명 정부의 첫 번째 조직인 공공 안전 위원회 앞에서 펼쳐진다. 드 몽제루 귀족 부인이 끔찍한 선고를 받을 준비를 하고 의회 앞에 도착했는데, 국립음악원Institut national de musique⁺ 원장으로 새로 임명된 베르나르 사레트Bernard Sarrette가 갑자기 회의를 중단했다. 이 음악가 겸 원장은 자신이 관리하는 음악원은 당시 프랑스에서 가장 위대한 피아노 교수 없이는 불가능하다고 주장하면서 피고를 변호했다.

　원장의 말을 증명하기 위해 즉시 피아노가 드 몽제루 부인 앞에 놓였다. 사람들은 그녀에게 「라마르세예즈La Marseillaise」⁺⁺를 연주해 애국심을 증명하라고 요구한다. 드 몽제루 부인이 이 곡을 연주한 다음, 스타일과 기교를 넣어

⁺ 후에 콩세르바투아르Conservatoire라는 명칭으로 이름을 바꾼다.
⁺⁺ 1795년에서 1804년까지, 그리고 1879년 이후로 프랑스 국가로 제정된 곡.

그 변주곡을 연속으로 연주하자 위원회 전체가 목청이 터져라 노래를 부르기 시작했다. 열광한 혁명 법정은 다음과 같은 말로 피아니스트에게 은총을 하사한다. "시민이시여, 우리는 당신이 훌륭한 애국자인 것을 알고, 당신에 대해 제기된 혐의에 대해 무죄를 선고합니다. 와서 형제의 포옹을 받으십시오!"

이 이야기는 1873년에 출판된『휴가 중인 음악가Un musicien en vacances』에서 음악 평론가이자 작곡가인 외젠 고티에Eugène Gautier가 사건 발생 후 한 세기 가까이 지난 뒤에 알린 것이다. 그럴듯하지만, 이 이야기는 확인도, 부정도 되지 않았다. 어쨌든 이 이야기는 18세기에 가장 유명한 스타 중하나인 거물급 피아니스트이자 음악가의 이름이 언급되었다는 데 의의가 있다. 파리국립음악원에서 남성 대상 수업(이 사실이 중요하다)의 첫 여성 피아노 교수로 임명된 엘렌 드 몽제루는 위대한 낭만주의 작곡가들에게 영향을 미친 혁신적인 작품을 작곡했다. 그녀는 실제로 음악 역사상 가장 중요한 피아노 교본을 쓰기도 했다. 이런 화려한 이력에도 불구하고 그녀의 이름은 여전히 거의 알려져 있지 않다.

드 몽제루에 대한 논문을 발표한 안느엘 베일리부통Anne-Noëlle Baily-Bouton의 선구적인 작업 외에도, 제롬 도리발Jérôme Dorival의 책『엘렌 드 몽제루-후작 부인과 라 마르세예즈Hélène de Montgeroult, La Marquise et la Marseillaise』(2006) 는 이 음악가를 재발견하는 데 많은 기여를 했다. 그녀의 이름이 잊힌 이유는 부분적으로 그녀의 지위와 정치 참여 그리고 삶에서 매번 중간 지대를 선택한 것으로 설명될 수도 있을 것이다. "후작 부인이지만 혁명에 참여했고, 반대로 혁명적이지만 산악파+에 속하지 않았다. 여성이지만 페미니즘의 기수는 아니다. 계몽주의 시대 여성이지만 그림자 예술가다.++ 살롱의 저명인사지만 거의 배타적으로 자기 살롱에만 나타난다. 여성 음악가이지만 제도권 주변의 교육자다. 마지막으로 자유로운 여성으로 세 번이나 결혼했다!"

그러나 이런 표현이 모든 것을 해결해 주지는 않는다. 어떻게 그렇게 (말 그대로) 혁신적인 예술가가 그렇게 알려지지 않을 수 있었을까? 로베르트 슈만, 프레데리크 쇼팽, 펠릭스 멘델스존, 그리고 분명하게 베토벤, 브람스, 드뷔시 외에도 많은 이에게 영향을 미친 이 여성 피아니스트는 왜 참고가 되지 못했을까? 그녀의 작품, 특히 114편의 피아노 연습곡을 프랑스는 물론 세계의 모든 음악원에서 가르치지 않는 이유는 무엇일까?

+ 산악당은 프랑스 혁명 당시 가장 급진적인 진영이었다.
++ 계몽주의는 프랑스어로 '빛'을 의미하는 lumière라는 단어로 표현되는데, '빛'의 반대인 '어둠'에 빗댄 표현이다.

엘렌 드 네르보Hélène de Nervo는 1764년 리옹의 귀족 가문에서 태어났다. 스무 살에 첫 결혼을 하면서 드 몽제루 후작부인이 된다. 좋은 집안의 여자아이들에게 피아노 교육은 교육의 일부였기에 엘렌 드 몽제루도 피아노를 배웠는데 그녀는 피아노에 아주 특출난 재능이 있었다. 이 세련된 연주자이자 천재적인 즉흥 연주가의 연주에 대한 찬사는 당대의 많은 증언에서, 나아가 그녀의 사후에 에두아르 모네Édouard Monnais라는 가명으로 폴 스미스Paul Smith가 1841년 쓴 저서 『여성 예술가의 삶에 대한 스케치Esquisses de la vie d'artiste』에서 입증된다. "진정으로 우월한 이 여성이 세상을 떠난 지 몇 년이 지났고, 그녀의 연주를 듣는 행운을 얻었던 이들도 더 이상 만날 수 없다. 어쨌든 그 사람들은 그녀의 연주에 대해 일종의 신비주의에서 벗어나지 못한 채 깊은 감탄과 진지하고 명상에 잠긴 듯한 열정으로 이야기한다. 우리가 그들의 증언에 의존한다면, 피아노는 결코 더 감미롭고, 더 은은하게 강조된, 더 고상하고 부드러운 소리를 표현할 수 없을 테다. 또한 피아노 건반은 훗날 마담 드 몽제루가 되는 엘렌 드 네르보의 손가락 아래에서 가장 감미롭고 더욱 절묘한 표현으로 생기를 띠었을 것이다."

화가 엘리자베트 비제 르 브룅Élisabeth Vigée Le Brun은 자신과 동시대를 살았던 그 피아니스트의 연주를 직접 들었다.

그리고 그녀는 그것을 아주 잘 기억하고 있었다. 1835년 그녀는 이렇게 썼다. "당시 그녀는 매우 어렸음에도 몹시 까다로웠던 우리 모임원들 놀라게 했다. 훌륭한 연주와 무엇보다 풍부한 감정 표현으로 그녀는 건반이 말을 하게 했다. 이미 피아니스트로서 최고 지위에 올랐던 마담 드 몽제루가 그 이후 작곡가로서 얼마나 두각을 나타냈는지 여러분은 알고 있다."

이 간략한 인용문은 많은 것을 가르쳐 준다. 화가가 운영하는 모임은 예술가, 철학자, 지식인이 서로 가깝게 지내는 사적인 살롱을 의미한다. 후작 부인이라는 지위 때문에, 엘렌 드 몽제루는 평생 단 한 번의 콘서트도 공개적으로 연적이 없다. 그녀의 재능은 대부분 자신이 신중하게 선정한 손님들을 자신의 살롱에 초대한 비밀스러운 분위기에서만 감상할 수 있었다.

엘리자베트 비제 르 브룅은 또한 그녀의 '풍부한 감정 표현'에 대해 이야기한다. 우리는 아직 19세기 초, 음악을 통한 감정 표현으로 빛날 낭만주의 시대의 태동기에 있다. 18세기와 19세기 사이에 자주 언급된 '풍부한 감정 표현'은 목소리와 오페라에서 무대 연기에 주로 사용되었을 뿐, 피아노 하나에 대해서는 언급되지 않았다. 그러나 엘렌 드 몽제루는 『포르테 피아노 교육을 위한 전과정 Cours complet pour l'enseignement du forté piano』에서 피아노 연주는 테크닉과 순수한 기교에만 의존해서는 안 된다고 여러 번 반복해서 강조한다. 엘렌 드 몽제루의 관점에서 음악으로 낼 수 있는 모든 표현력을 갖춘 악기가 피아노인데, 이는 학생의 실력 향상을 도울 목적으로 만든 연습곡집에서도 마찬가지이다. 이런 연습곡은 후에 낭만주의 작곡가들에게는 그 자체로 하나의 장르가 되는데, 프레데리크 쇼팽의 피아노 연습곡이 유명해진 것으로 이를 증명할 수 있다. 낭만주의 작곡가들 이전에 엘렌 드 몽제루는 이런 연습곡에 특별한 관심을 기울였는데, 이를 확인하기 위해서는 아주 매혹적인 연습곡 62번, 혹은 요한 제바스티안 바흐의 『평균율 클라비어 곡집』의 첫 번째 전주곡에 영감을 받은 연습곡 19번을 시작으로 연습곡들을 들어 보기만 하면 된다.

이 피아니스트스의 삶에 또 다른 놀라운 점이 있는데, 바흐를 숭배했다는 것이다. 이 시기의 바흐는, 오늘날 우리가 아는 슈퍼스타가 아니었다. 바흐는 진지한, 너무 진지한 작곡가로 알려져서 그의 작품은 거의 연주되지 않았다. 하지만 엘렌 드 몽제루는 바흐가 공식적으로 재평가되기 수십 년 전에, 바흐의 곡을 연습하고 거기에 영감을 받고, 그의 작품들, 특히 클라비어를 위한 곡들에서 작품이 갖고 있는 풍부함을 돋보이게 했다. 실제로 음악사에서 바흐의 재발견은 펠릭스 멘델스존의 공으로 여겨진다. 1829년 바흐 사후 처음으로 「마태 수난곡」이 베를린의 한 콘서트에서 연주되며 역사적으로 중요한 해로 기록된다. 이 공개 행사는 18세기의 젊은 여성 작곡가 엘렌 드 몽제루가 피아노로 전한 영감보다 더 주목받았다.

엘렌 드 몽제루의 생애에 대해 대중이 유일하게 알고 있는 것은 국립음악원에 피아노 교수로 임명된 사실뿐이다. 처음으로 여성 음악가가 음지에서 나온 것이다. 이 완전히 새로운 음악 교육 장소는 1795년 8월 파리에 설립되었다. 여학생은 이 음악원에서 배제되지는 않았지만, 남자 교수들이 수업하는 여학생으로만 구성된 반으로 재편성되었다. 음악원이 개원하자마자, 엘렌 드 몽제루는 남학생 반 피아노 수업을 위해 임명되었다. 그녀는 건강상의 이유로 불과 3년 만에 이 영예로운 자리를 떠난다. 그녀가 사임한 직후, 음악원 경영 위원회가 쓴 편지는 그녀의 교수 자질에 대한 찬사를 보여 준다. "당신의 은퇴 동기가 야기한 감정에 더해, 소중한 당신의 재능을 교육할 수 없게 되어 참담한 마음입니다."
   제롬 도리발은 이 사임의 이유에는 피아노 교육의 미학적인 측면에서 대립이 있었다는 또 다른 설명을 펼친다. 국립음악원에서는 장루이 아당Jean-Louis Adam이 쓴 교본론을 채택했는데, 이 작곡가는 피아노를 작사와 작곡을 위한 보조로 사용한다. 반대로 드 몽제루는 피아노 그 자체가 예술이며, 자신의 고유한 방법으로 쓴 유명한 『포르테피아노 교육을 위한 전과정』이라는 711쪽에 달하는 책이 가치가 있다고 믿었다. 피아노에 대한 이러한 작업은 음악 역사에서 결코 달성할 수 없는 것이다. 972개의 연습 과제, 114개의 연습곡 및 작곡가의 수많은 주석으로 구성된 이 책은 연주, 표현 방식, 손의 위치를 비롯해서 피아노 건반을 누르는 방식과 프레이징+ 방식에 대한 조언을 섬세하게 갖춘 피아노 학습의 궁극적 지침서이다. 그때까지만 해도 거의 연주되지 않던 바흐, 헨델, 스카를라티의 연습곡처럼 옛 작품들의 연습곡들도 그 책 속에서 발견할 수 있다.

　이 피아노 교본의 운명은 엄청난 역설을 품고 있다. 슈만, 멘델스존, 쇼팽 같은 유명 작곡가를 비롯해 여러 세대 작곡가에게 영감을 주었으면서도, 그녀는 그림자 속에 남아 있었다. 『포르테피아노 교육을 위한 전과정』을 소유한 몇몇 예술가는 한 여성 덕분에 자신이 피아노 연습을 하고 있다고 확언하지 못했을 것이다. 다른 이들은 분명 엘렌 드 몽제루가 작성한 방식에서 영감을 받거나, 나아가 그대로 베낀 다른 것들을 손에 쥐고 있었을 것이다. 그렇지 않다면 이 작

+ 연속되는 선율을 악구 단위로 분절하여 연주하는 기법.

곡가들의 특정 작품과 엘렌 드 몽제루가 수십 년 전에 작곡
한 작품 사이의 아주 밀접한 연관성을 어떻게 설명할 수 있
을까? 예를 들어 제롬 도리발은 드 몽제루의 연습곡 11번,
13번, 18번 혹은 49번을 들으며 슈만을, 그리고 107번을 들
으며 쇼팽을 느껴 보라고 조언한다. 그녀의 「위대한 환상
곡Grande Fantaisie」을 들으며 베토벤의 「열정Appassionata」 소
나타를 비교해 보는 재미도 느껴 볼 수 있다. 그리고 망각 속
에 묻히긴 했지만 드 몽제루의 선구적인 작품들과, 자신들
의 음악이 존재하게 하기 위해 싸울 필요가 없었던 남성들
이 작곡한 녹음 수십 개가 존재하는 작품들 사이의 유사점
을 아주 오랫동안 계속 찾을 수 있을 것이다.

# 모차르트는
# 여성이었을까?

고전주의 음악의 상징적인 작곡가는 1756년 1월 27일에 태어난 볼프강 아마데우스라는 남성이었으니 안심하시길 바란다. 반면 볼프강보다 다섯 살 연상의 누나 마리아 안나 모차르트Maria Anna Mozart라는 '여성' 모차르트도 있었다. 그녀는 남동생의 서신과 작품을 보존함으로써 그에 대한 기억을 유지하는 데 기여했다. 무엇보다 동생의 생애 첫 몇 년 동안 영감을 준 사람이 바로 그녀였다. 뛰어난 피아노 연주자였던 젊은 마리아 안나 모차르트는 유럽 전역에서 유명했다. 모차르트는 한 여성, 누나를 모델로 삼아 성장했고, 이후 자유롭게 작곡가로서의 삶을 온전히 살았다.

　모차르트 가족은 18세기 예술 교육의 모델을 제시한다. 아이들은 흔히 가까이 있는 사람, 모차르트의 경우에는 아버지 레오폴트 모차르트Leopold Mozart 덕택에, 어려서 음악을 배웠다. 이 교육은 성별을 구분하지 않는다. 남자아이들처럼 여자아이들도 노래나 악기를 배울 수 있다. 그러나 유

의할 점이 있다. 여자아이들은 선택이 제한되어 오직 건반
악기(피아노의 조상인 하프시코드 또는 피아노포르테)만
연주할 수 있다. 이 교육에서 또 다른 중요한 남녀 간의 차이
는 그 목적에 있다. 남자아이들은 전문 음악가로 궁정에 들
어가 생계를 꾸리기 위해 음악에 입문한다. 여자아이들은
결혼을 위해 음악 교육을 받는다. 1785년 11월 28일자 편
지에서 두 아이의 아버지는, 다섯 아이가 있는 홀아비와 결
혼한 딸 마리아에게 이렇게 썼다. "특별히 난넬Nannerl(마리
아 안나 모차르트의 의붓자식 중 장녀. 마리아와 애칭이 같
다)에게 이야기를 하고 싶구나. 그 애에게 이 시대에 여성이
더 고귀한 방식으로 하녀들과 차이를 만들려고 하지 않고,
하인들처럼 교육받으려고만 한다면 다른 사람들을 기쁘게
할 수 있을지 생각해 보라고 해라. (…) 만약 그 애가 좋은 집
안에서 태어난 아이처럼 다른 자질이 있다면, 그때 그 애는
좋은 가문의 귀족 같은 청년을 찾을 희망을 품을 수 있을 거
라고, 하지만 그렇지 않다면 분명 불가능하다고." 여성에게
음악은 결혼 시장에서 부가적인 자산이자 하인과 차별화되
는 단순한 장식품일 뿐이었다.

  따라서 마리아 안나 모차르트가 결코 어떤 경력도 추구하
길 바랄 수 없었다는 사실은 놀라운 일이 아니다. 그러나 그
녀의 소질은 최고 수준의 경력을 보장했다. 그녀는 여덟 살

때부터 아버지에게 음악을 배웠다. 그녀는 바이올린을 연주
하고 싶었지만, 이 현악기에 대한 유명한 개론서를 쓰기도
했던 아버지는 이를 허락하지 않았다. 그러자 그녀는 하프
시코드에서 재능을 발휘한다. 마리아 안나 모차르트는 하나
의 현상이 되어 버린다. "열한 살 여자아이가 하프시코드 또
는 피아노포르테로 가장 위대한 작곡가들의 가장 어려운 소
나타와 협주곡을 믿을 수 없을 정도로 가벼우면서도 완벽한
취향으로 정확하게 연주한다고 상상해 보시라. 수많은 사람
에게 경이로움을 맛보게 해 줄 것이다"라고 1763년 아우크
스부르크Augsbourg의 한 신문이 보도했다.

마리아 안나 모차르트는 특히 1763년 7월에서 1766년
11월 사이에 사람들이 당시의 비평에서 읽을 수 있는 호칭
처럼 '신동'이자 '천재' '수재'였다. 이 기간은 모차르트 가족
이 장기 순회공연에 나선 시기이다. 아버지는 가족의 재능
을 보여 주기 위해, 하지만 무엇보다 먹고살기 위해, 부인 안
나 마리아 모차르트와 두 아이 볼프강과 마리아 안나를 유
럽 여러 도시(80개 이상)에 데리고 갔다. 콘서트가 끝날 때
마다 두 어린 예술가는 많은 선물을 받았고 아버지는 금전
적 보상을 받았다.

안나 마리아는 열두 살 때 공연을 떠났다. 당시 일곱 살이
었던 남동생은 누나 덕에 이미 음악을 잘 알고 있었다. 순회

공연을 시작할 때 남동생은 하프시코드, 피아노포르테, 오르간뿐만 아니라 바이올린도 마스터한 상태였다. 아버지는 자신이 가장 좋아하는 악기인 바이올린도 아들에게 가르쳤다. 마리아 안나와는 달리 신동 볼프강은 작곡도 했는데, 자주 누나와 함께 작곡했다. 긴 여행, 사교 만찬, 축하 행사 등 아이들이 혼자 남겨지는 수많은 순간을 떠올려야만 한다. 볼프강이 첫 번째 교향곡을 작곡했을 때, 온 가족은 한창 순회공연 중이어서 런던에 있었다. 아버지가 아팠기 때문에 아이들은 조용히 있어야 했다. 음악을 연주할 수 없었다. 그러나 어느 것도 그들이 작곡하는 것을 방해하지는 못했다. 마리아 안나는 교향곡을 악보로 옮겨 적었고, 동생이 작곡한 첫 번째 버전에 근거하여 오케스트라의 모든 악기를 위한 작곡과 오케스트레이션을 담당했다.

마리아 안나는 작곡을 모르지 않았다. 단지 작곡에 손을 댈 권한이 없었을 뿐이다. 아버지는 딸이 전문 음악가가 되는 것을 반대했는데, 하물며 작곡가가 되는 것은 더욱 불가능했다. 그러나 그녀의 편지에서 그녀의 놀라운 재능을 알 수 있다. 그녀는 작곡가 미카엘 하이든Michael Haydn(요제프 하이든의 동생)이 작곡한 미뉴에트를 볼프강에게 보낸다. 이 미뉴에트는 콘서트에서 전체를 머릿속에 암기한 후 악보로 옮겨 적은 것이었다. 마리아 안나가 작곡한 작품에 대

한 유일한 암시는 동생이 이탈리아로 순회공연을 다시 떠난
뒤 보내온 편지에 있다. 그는 이렇게 썼다. "사랑하는 누나!
누나가 이렇게 아름답게 작곡을 해서 놀랐어요. 한마디로
리트가 너무 아름다워요. 뭔가를 자주 작곡해 보려 해 봐요.
(…) 하이든의 다른 여섯 개 미뉴에트도 바로 보내 주길 바
라요. 안녕, 볼프강." 하지만 이 곡에 대한 어떤 흔적도 발견
되지 않았다.

마리아 안나 모차르트는 명백하게 "뭔가를 자주 작곡해 보
려"할 수 없었지만, 동생은 훨씬 더 빈번하게 작곡을 했다.
볼프강은 누나에게 자신이 막 작곡한 이런저런 작품에 대해
어떻게 생각하는지 묻고, 누나는 초견으로 피아노 연주를
할 수 있는 새로운 작품들을 동생에게 요청했다. 오랫동안
헤어져 있었기에 그들이 교환한 편지에는 엄청난 공모 관계
가 드러난다. 아들에 대해 거대한 야망을 품고 있었던 아버
지는 딸과 부인을 잘츠부르크에 남겨 두고, 1769년부터 볼
프강을 이탈리아 순회공연에 데려갔다. 그다음에는 어머니
가 독일 여러 도시로 볼프강을 데려가고 마리아 안나를 아
버지와 함께 남겨 두었는데, 그러면서 마리아 안나는 할 일
이 없어졌다. "불쌍한 고아처럼 우리가 슬퍼하고 몹시 지루
해하는 동안, 엄마와 꼭두각시(남동생의 별명)가 건강하고

즐겁게 지내고 있다는 사실을 알게 되어 기뻤어."라고 그녀
는 1777년 볼프강에게 편지를 썼다.

　결혼하기까지 마리아 안나 모차르트에게는 시간이 길었
다. 결혼 준비를 하려고 열여섯 살에 순회공연과 콘서트를
그만두었지만, 1784년 서른셋이 되어서야 아내가 된다. 결
혼은 그녀가 사랑하지 않는, 아이 다섯을 둔 어느 귀족과 성
사되었다. 그녀는 그와의 사이에서 세 아이를 낳는다.

　결혼으로 궁핍한 삶에서 벗어나긴 했지만, 마리아 안나
가 음악 세계와 연결되기 위해 할 수 있는 일은 가르치는 것
뿐이었다. 멀리서 동생의 모험을 지켜보며 많은 응원을 해
주고, 그때그때 편지에서 자신을 '순종적인 딸'이라고 지칭
한다. 삶과 음악(엄청난 성공을 가져다준!)에서 자신이 하
고 싶은 것을 하는 볼프강과는 반대였다. 시대의 함정에 빠
졌고, 아버지 그리고 이후에는 남편의 그림자 속에 갇혔다.
『자기만의 방』에서 버지니아 울프는 셰익스피어에게 주디
스라는 이름의 여동생이 존재했다면 어떻게 되었을지 궁금
해한다. 버지니아 울프는 그 여동생이 강제로 약혼한 후 극
작가로서 운을 시험하기 위해 런던으로 도망치는 모습을 상
상해 본다. 울프의 상상 속에서, 여자라는 이유로 거부당하
면서 주디스는 결코 자기 재능을 알릴 수 없는 상황에 절망
하여 자살하고 만다. 모차르트의 누나는 실제로 존재했다.

그녀의 이야기는 부분적으로 버지니아 울프의 가설을 확인
해 준다.

그러나 예외적인 경우들이 있다. 비혼을 택한 여성들에
게는 무슨 일이 벌어지는 것일까? 같은 국가 출신이면서 마
리아 안나보다 일곱 살 연상이고 가수이자 작곡가인 마리
아나 마르티네스Marianna Martines의 경우는 높은 사회적 지
위, 재정적 자립, 경력에 방해가 되는 남편의 부재, 많은 지
원 등과 같은 몇 가지 사항이 충족되면, 음악가로서의 삶이
가능하다는 것을 보여 준다. 마리아나 마르티네스는 귀족
가정에서 자란다. 하프시코드를 연주하고, 노래하고, 작곡
한다. 자신이 즐거워서이기도 했지만, 아주 어려서부터 받
아 준 궁정의 사람들의 귀를 즐겁게 해 주기 위해서였다. 위
대한 요제프 하이든에게 사사받았으며, 얼마 후에는 메타
스타세Métastase라는 이름으로 알려진 이탈리아 시인이자 극
본가인 피에트로 트라파시Pietro Trapassi의 지원을 받았다. 그
녀의 작품으로는 오라토리오, 미사, 건반 협주곡, 교향곡 및
소규모 앙상블을 위한 수많은 작품이 있다. 작곡한 작품으
로 총 65편이 발견되었지만, 18세기 비엔나에서 작곡가로
서 그녀의 위치를 알 수 있는 글이나 편지, 생애에 대한 자료
는 거의 없다. 따라서 이런 가정을 해 볼 수 있다. 그녀는 살
롱에서 볼프강 모차르트와 네 손 소나타를 연주했다고 하는

데, 어쩌면 거기서 짓눌린 운명에 시달리던 재능 있는 마리
아 안나를 만나지 않았을까?

## 선곡 목록 3

쥘리 캉데유, 「소나타 1번 Sonate n° 1」

소피 게일 Sophie Gail, 「그녀에게서 온 것이 아닐까 N'est ce pas d'elle」

카미유 생상스 「내 마음은 당신 목소리에 열린다 Mon coeur s'ouvre à ta voix」, 오페라 「삼손과 데릴라」에서 발췌한 아리아

폴린 비아르도, 「하이 룰리」, 세실리아 바르톨리 Cecilia Bartoli 공연

앙드레 그레트리 André Grétry, 「플루트 협주곡 C 장조」

엘렌 드 몽제루, 「연습곡 62번」

엘렌 드 몽제루, 「소나타 9번」

볼프강 아마데우스 모차르트 「교향곡 1번」 (마리아 안나가 필사를 도와준 악보)

# 4

## 낭만주의 시대의
## 여전사들

19세기에는 낭만주의의 문이 열린다. 미술, 문학 혹은 음악에서 감정 표현이 극에 달한다. 한 명의 음악가가 이 흐름을 완벽하게 구현하는데, 바로 루트비히 판 베토벤Ludwig van Beethoven이다. 낭만주의 시대의 아버지로 불리는 베토벤은 작품을 통해 대규모 오케스트라 음악, 특히 교향곡으로 향할 한 세기의 주요 특징을 알린다. 그는 또한 열정적이고 뛰어난 기교의 피아노 연주 황금기를 알리고, 마침내 음악을 자신의 깊은 감정, 내면의 자아를 표현하는 수단으로 생각하는 최초의 사람 중 한 명이 된다.

낭만주의 시대의 음악은 개인의 감정을 중요시하듯 작곡가를 전면에 내세운다. 연주가 여전히 중요하지만, 오늘날 베토벤이 불러일으키는 숭배에서 볼 수 있듯 창작자는 살아 있는 신이 된다. 그러나 이 움트는 음악과 관련된 역설에 주목하자. 작품은 깊은 감정을 표현하며 내밀하고 우울하고 민감한 영역에 속한다. 우리 시대의 관점에서 보면 이런 수

식어들은 오히려 여성성과 관련이 깊어 보인다. 그런데 19
세기의 신화적 창작자들은 ( 브람스, 쇼팽, 슈만, 베를리오
즈, 베르디, 리스트, 슈베르트, 멘델스존, 드보르자크, 구노,
말러, 그리그 ) 한 번 더 남성이라는 성별로 하나가 된다.

그럼에도 불구하고 여성들은 도처에 존재한다. 무대에서
여성들은 위대한 낭만주의 오페라의 주인공 역을 구현한다.
여성들은 음악원 기악 수업(여성에게 허용된)을 가득 메운
다. 유럽 수도들의 개인 살롱에서 여성들은 예술계를 쥐고
흔든다. 그리고 도처에서 작곡을 한다. 이런 여성들이 음악
사에서 사라진 것은 이들이 동료들에게 인정받은 진정한 스
타들이기 때문에 더욱 놀랍다. 그러니 이번에는 출처가 일
치하지 않거나 누락되었다는 말이 더는 망각에 대한 변명이
될 수 없다.

# 희생된
# 뮤즈들

이 책의 제목은 '멘델스존은 여성이었다' '슈만은 여성이었다' 또는 '말러는 여성이었다'가 되었을 수도 있다. 이 세 낭만주의 작곡가의 성姓 뒤에 파니Fanny, 클라라Clara, 알마Alma라는 이름을 추가하면, 비범한 여성 음악가들이 숨겨져 있음을 알 수 있기 때문이다. 이 세 여성은 예술계에 만연한 유형, 남성 천재가 산산조각 낸 운명이라는 유형을 구현한다. 스승이자 연인이었던 오귀스트 로댕에게 강탈당한 조각가 카미유 클로델을 떠올릴 수 있다. 세 여성 작곡가에게 방해꾼은 남편, 아버지, 혹은 남동생이었다.

"지금까지 나는 그의 신임을 무한대로 받고 있어. 나는 그의 재능이 조금씩 발전해 가는 걸 보았고, 심지어 어느 정도 그의 음악 교육에 기여했어. 그에게 나 외에는 음악 조언자가 없고, 그는 나에게 먼저 보여 주지 않고는 결코 종이에 생각을 적어 본 적도 없어. 그래서 나는 그가 음표를 한 개 쓰기도 전에 그의 오페라를 속속들이 알고 있었어." 세 살 아래 남동생 펠릭스에 대해 이렇게 말할 때, 파니 멘델스존은 17세였다. 멘델스존의 두 자녀는 피아노와 악보 쓰기를 배우고, 합창단에 가입하고, 자신들이 처음 작곡한 작품들을 평하고 개선하기 위해서 악보를 교환했다. 유년기에서 청소년기를 거치는 동안 펠릭스는 누나를 '나의 음악 지도자'라고 불렀다. 남매가 숭배하는 작곡가 요한제바스티안 바흐(라이프치히의 '음악 지도자'라 불리는)를 염두에 둔 것이다. 한편 파니는 동생을 보호하고, 그와 함께 음악계에서 경이로운 일을 하기를 바랐다.

그녀의 열정은 1820년에 받은 한 통의 편지로 인해 사그라든다. 파니 멘델스존은 그때 15세에 불과했으나 자랑스럽게 남동생에게 몇 개의 독일어 가곡을 막 보낸 참이었다. 아버지는 딸이 작곡의 세계에 첫발을 내디딘 것에 강력하게 반발했고 딸에게 이렇게 썼다. "음악은 네 동생에게는 직업이 될 수도 있지만, 너에게는 단지 즐거움으로만 남아야 한다. 음악이 결코 네 존재나 행위의 근간이 되어서는 안 돼. (⋯) 이러한 감정과 행동 지침에 충실해야 한다. 이것들이 여성적인 것이고, 오로지 여성적인 것만이 여성이라는 너의 성을 위한 장식이 되는 거야."

이 엄중한 경고를 받은 지 2년 후, 파니는 빌헬름 헨셀Wilhelm Hensel이라는 화가와 약혼을 하고 24세에 결혼하는

데, 다행스럽게도 헨셀이 아내의 열렬한 지지자가 된다. 그는 아내에게 작품을 만들어 발표하라고 격려하고, 매일 아침 아내의 책상에 빈 악보 한 장을 놓아두며 작곡을 독려했다. 그녀는 아버지의 질책에도 불구하고 작곡을 하게 된다. 항상 누나를 존경한 펠릭스 멘델스존은 자기 이름으로 누나의 가곡(리트) 중 몇 편을 발표하자고 두 차례에 걸쳐 제안하며 아버지의 제약을 피해 가도록 했다. 그런데 자기 작품이 아닌 것을 자기 것이라 여기면서, 펠릭스는 함정에 빠지게 된다. 콘서트 때마다, 대중은 누나가 작곡한 작품들에 찬사를 보냈다. 펠릭스는 그런 사실에 대해 누나에게 불평하는 편지를 썼다. "다들 이 앨범에서 그 곡이 가장 좋다고 하는데, 나쁜 칭찬이야. 누나가 작곡한 것 말고 다른 좋은 곡이 있긴 할까?"

심지어 파니가 작곡한 가곡 하나가 히트작이 되기도 한다. 1842년 당시 작곡가이자 저명한 오케스트라 지휘자인 펠릭스 멘델스존은 빅토리아 여왕을 만나러 영국에 갔다. 누나가 작곡한 곡이 몇 편 숨겨져 있는 악보 모음집을 발표한 지 10년이 넘었을 때였다. 여왕은 손님을 기쁘게 해 주려고, 「이탈리아 사람」이라는 자신이 가장 좋아하는 성악곡 중 하나를 불렀다. 불행히도 그 작품은 펠릭스가 작곡한 곡이 아니었다. 그는 가까운 사람에게 이 사건을 이야기하는

데 그 어조가 씁쓸했다. "그 노래는 파니가 작곡했다고 고백해야만 해. 고백하는 것은 매우 어렵지만, 자만 다음은 타락일 테니까." 펠릭스는 질투가 난 것일까? 하여튼 그는 아버지가 사망한 직후 아버지 역할을 담당하게 되었다. 그 새로운 지위를 가지고, 누나에게서 어떻게든 작곡할 의욕을 앗아 가려고 했다. 어머니에게 편지를 쓰며, 펠릭스는 심지어 누나를 대신해 이렇게 말한다. "제가 아는 누나는 작곡가가 되기를 결코 원하지 않아요. 작곡을 할 자질도 없어요. 누나는 지나치게 여성적이에요. 누나는 살림을 해요. 그 의무를 완수하기 전에는 대중이나 음악계, 심지어 음악을 생각하지 않아요. 작품을 발표해 봐야 누나를 산만하게 만들 뿐이에요. 그래서 저는 누나가 작곡하는 것에 찬성한다고 말할 수 없어요."

한편 외아들 세바스티앙을 돌보고 있지 않을 때에도, 파니 헨셀은 음악에 그다지 많은 시간을 할애하지 않았다. 아버지의 죽음은 집안에 공백을 만들었고, 파니는 베를린의 엘리트 예술가와 지식인들이 모여드는 일요일 콘서트를 매주 기획하며 이를 채워 갔다. 그녀는 이 연주회를 관리하고, 피아노를 연주하고, 당대 작곡가들(여성 작곡가들을 포함하여)을 초대하고, 합창단을 창설하고, 심지어 특정 콘서트를 위해 초대한 소규모 실내 오케스트라의 지휘를 맡기도

했다. 자신의 음악과 동생의 음악을 들려주기 위해 이런 기회들을 이용했다. 오케스트라의 여성 지휘자로서 그녀는 대중에게 경탄을 자아냈다. 독일의 여성 작곡가 요하나 킨켈Johanna Kinkel이 이 콘서트에 참석했는데, 몇 년이 지난 후 지휘자 파니의 제스처를 이렇게 회상했다. "그녀의 새끼손가락의 스포르찬도(빠른 크레센도)는 전기 충격처럼 영혼을 관통했다. 보면대 위 지휘봉의 움직임과는 아주 다른 방식으로 넋을 빼앗아 가 버렸다."

　동생이 유럽을 누비고 다니며, 명망 높은 오케스트라를 지휘하면서 자기 음악을 알린 반면, 파니는 음지에서 활동했다. 그러나 나이가 들어갈수록 자신에 대한 믿음이 더욱 커졌다. 그녀가 이탈리아에 머물 때, 프랑스 작곡가 샤를 구노Charles Gounod를 길에서 만났다. 파니의 음악에 빠져 있던 구노는 그녀에게 계속 그 길로 나아가라고 용기를 북돋웠다. 마침내 파니 헨셀은 자신을 막아선 남성들의 영향력에서 벗어난다. 아버지는 더 이상 이 세상 사람이 아니고, 동생은 자기 경력을 쌓느라 바쁘고, 화가 남편은 자신의 작품을 평가할 적절한 사람이 아니다. 저명한 예술가 구노의 인정을 받자 마침내 파니는 작곡가가 되어 자기 음악을 발표할 준비가 되었다고 느꼈다.

　그때 파니는 동생에게 편지를 썼다. "네가 수치심을 느끼지 않길 바라. (…) 네가 이번 일로 어떤 불쾌감도 가질 이유가 없을 거라고 생각해. 어느 정도는 껄끄러운 순간을 모두 줄이기 위해, 나는 완전히 독자적으로 행동했으니, 네가 기분 나쁘게 받아들이지 않길 바라." 자신감에 차서 새로 태어난 파니 헨셀은 1846년 자신의 가장 아름다운 작품 중 하나인 바이올린, 첼로, 피아노를 위한 트리오를 작곡한다. 시작하는 음들은 피아노 위에서 위아래로 움직이는 일종의 파도처럼 흐른다. 바이올린과 첼로의 합주가 시작되며 피아노의 경쾌한 음과 천천히 늘어지는 현악의 선율 사이에서 불안한 분위기를 자아낸다. 피아노가 마침내 삼중주에서 자신의 존재를 외치듯 홀로 강력하게 치고 나가고, 얼마 후에 생각을 바꿔 부드럽고 우울한 주제를 들려준다. 이 작품은 어두운 시간과 빛의 섬광이 번갈아 나타나는 마음의 충동이 뒤섞여 있다. 마침내 자신의 재능을 확신하게 된 원숙한 여성은 자신이 작곡한 악보에 이렇게 썼다. "어떻게 이 세상에서 몇 안 되는 행복한 사람이 될 수 있었는지!"

이런 행복감에 젖어, 삼중주를 작곡한 지 1년 후인 1847년 4월 11일 베를린에서 여동생 레베카Rebecka의 생일을 기념해 초연을 했다. 이 공연 두 달 후, 파니의 심장이 갑자기 멈추어 버렸다. 파니는 41세의 나이에 사망한다. 삼중주의 명성은 클라라 슈만의 귀에까지 전해졌다. 그 음악의 매력

에 빠진 이 여성 피아니스트이자 작곡가는 막 작곡한 삼중
주를 파니에게 헌정했다. 파니가 그렇게 빠르게 세상을 뜰
줄 몰랐다. 당시 클라라 슈만은 28세였고, 결혼하여 네 아이
의 엄마였다.

파니 헨셀의 삼중주는 현악기와 피아노가 대립하며 서로 멜
로디를 장악하려는 싸움처럼 시작하는 반면, 클라라 슈만의
작품은 악기 사이의 진정한 대화로 시작된다. 각각의 악기
가 서로 조화를 이루며 다른 악기의 멜로디를 반복한다. 우
리는 이 부드러운 도입부 때문에 조용히 리듬을 타지만, 이
는 3악장에서 우리를 기다리고 있는 것에 비하면 아무것도
아니다. 각 악기는 순서대로 우수와 극도의 무기력이 스민
음조로 들어오지만, 결코 비탄에 빠지지는 않는다. 그리고
폭풍우가 몰아치고, 음악은 미쳐 날뛰고, 활은 현을 더 세게
문지르고, 피아노 건반은 더 난폭하게 눌린다, 다시 얼마간
평온을 되찾는다. 낭만주의 시대는 우리의 신경을 가지고
논다. 우리는 절망의 눈물을 흘리다 삶에 대한 열정을 느낀
다. 음악이 감정의 롤러코스터를 이렇게 잘 표현한 적은 없
을 것이다.
　악보에 감정을 탁월하게 옮기기 위해서는 그 감정을 직접
느껴 봐야 한다. 사랑에 대한 환멸, 지원 부족과 실현 불가능

성에도 강렬하게 솟아오르는 창작 욕구, 어머니와 아내로
서의 정신적 부담감을 경험한 여성 작곡가들은 이런 감정을
작품에 고스란히 담아낸다. 엘렌 드 몽제루가 지은 거의 완
벽한 피아노 입문서를 갖고 있던 아버지에게 아주 어려서부
터 음악 교육을 받은 클라라는 신동으로 자란다. 프리드리
히 비크Friedrich Wieck는 유럽 순회공연에 딸 클라라를 데려
갔는데, 딸은 대형 공연장들에서 박수갈채를 받았다. 파니
헨셀과 달리 클라라는 예술가 직업을 가질 수 있도록 격려
받았다. 그녀의 아버지는 단 한 가지, 딸이 위대한 음악가가
되기만을 바랐다. 클라라가 아버지의 제자와 결혼하고 싶
다고 했을 때, 아버지는 단호하게 반대했다. 딸이 로베르트
슈만의 매력에 빠졌을지도 모르지만, 딸의 발뒤꿈치도 못
따라오는 이 사이비 예술가와는 결혼시키지 않을 것이었다.
로베르트 슈만이 뛰어난 낭만주의 작곡가 이전에, 좋은 남
편이 되리라는 보장이 없다. 손을 다친 슈만은 피아노를 포
기했다. 클라라 비크의 명성과는 반대로, 아직은 아무도 그
의 음악도, 그의 이름도 모른다. 클라라 비크는 유럽의 모
든 대도시에서 연주했고 가는 곳마다 평론가들의 찬사를 받
았다.

프리드리히 비크는 경계할 이유들이 있었다(비록 결혼을
취소하려고 법정에 가는 것까지는 피할 수 있었을지라도).

슈만과 결혼하면서 클라라는 가정생활에 전념했다. 남편과
아이들을 돌보면서, 계속 공연을 했다. 단지 가정의 생활비
를 보충하기 위해 작곡가로서의 활동은 가차없이 줄어들었
다. 시간이 부족할 뿐만 아니라, 남편이 창작할 수 있게 침묵
과 고요 등 필요한 모든 조건을 충족시켜 주기 위해서였다.
결혼 1년 후 클라라는 일기에 이렇게 썼다. "로베르트가 작
곡할 때, 내 피아노는 또다시 뒷전으로 밀려난다. 이것이 퇴
행은 아니지만 작곡 역시 잘 안 된다. 때때로 내 멍청한 머리
를 일부러 벽에 박는다. 나는 작곡에 아무런 재능이 없다."

　클라라의 남편이 이 일기를 읽었다. 클라라가 부부가 함
께 사용하는 작은 수첩에 썼기 때문이다. 그 수첩에서 클라
라는 음악이 아닌 다른 일에 평생을 바쳐야만 하는 안타까
움을 자주 표현했다. 그녀를 괴롭히는 의심은 로베르트 슈
만을 만나면서 생긴 것은 아니다. 1839년에 이미 일기에(이
번에는 개인 노트에) 이렇게 썼다. "내게 창작자의 재능이
있다고 생각했던 시절이 있었는데, 그 생각을 다시 해 본다.
여성은 작곡을 하고 싶어 해서는 안 된다. 아직까지 그 어떤
여성도 작곡을 할 수 없었는데, 왜 내가 예외라고 생각할까?
그렇게 생각하는 것은 오만일 것이다. 예전에 유일하게 내
아버지만이 내게 불어넣었던 생각이다."

　클라라 슈만 역시, 여성으로서 자신의 위치가 창작자의

위치가 아님을 인식하고 있다. 클라라 남편의 생각은 이러했다. "클라라는 스스로 어머니가 자신의 본업임을 인식하고 있고, 어쨌든 변할 수 없는 이 상황에서, 나는 클라라가 행복하다고 생각해." 펠릭스 멘델스존이 누나에게 보낸 메시지에서도 똑같은 견해를 볼 수 있는데, 이를 통해 19세기 독일 사회에 여성들에게 차별적인 관습이 있었음을 알 수 있다.

여러 난관에도 불구하고 클라라 슈만의 이름은 피아니스트로서뿐만 아니라 작곡가로서도 전 유럽에 알려졌다. 대다수 독주회에서 자신의 작품을 적어도 한 곡 연주했고, 그 음악이 강렬한 관심을 불러일으켰기 때문이다. 클라라 슈만이 자신의 독특하고 뛰어난 피아노 협주곡을 헌정한 작곡가 루이스 슈포어Louis Spohr는 클라라의 작품이 "예술계에서 가장 주목할 만한 신작" 중 하나라고 언급했다.

로베르트 슈만은 아내의 작업에 경탄하지만, 아내가 그 작업에 시간을 너무 빼앗겨서도 안 되고, 너무 많은 자리를 차지해서도 안 된다고 생각했다. 1844년 클라라의 몇 차례 순회공연을 위해 부부는 러시아로 떠난다. 혼자 남아 있지 않기 위해 남편이 아내를 따라갔다. 그는 '피아니스트 남편' 역할이 자신의 품위를 떨어뜨린다고 생각했다. 아마도 이런 생각이 더 심각한 질병의 원인이 되었을 것이다. 여행은 아주 허약했던 남편의 건강을 더 악화시켰다. 로베르트 슈만은 46세에 요양원에서 생을 마감했다. 홀로 남은 클라라 슈만은 연주와 교수의 삶을 이어갔지만, 작곡에는 거의 몰두할 수 없었다. 클라라는 자신에게는 아주 중요한 새로운 일, 바로 죽은 남편의 음악에 생기를 불어넣는 일에 열중했다. 로베르트 슈만의 작품을 멋지게 해석해서 연주했고, 그 음악은 전 유럽에 울려 퍼졌다. 낭만주의 시대의 길잡이라 할 수 있는 요하네스 브람스Johnnes Brahms도 클라라 슈만의 도움으로 데뷔하게 된다. 이 젊은 음악가는 슈만의 생전에, 예술계에서 유명하고 존경받는 슈만 부부 집에 와서는 자신이 최근 작곡한 곡을 피아노로 연주한 적이 있다. 금세 클라라와 마음이 맞는 사이가 되었다. 클라라는 지인들에게 브람스를 소개하고, 많은 극장의 프로그램에 그를 넣으려고 노력했다. 자신의 공연 레퍼토리에도 그의 피아노 작품을 추가했다. 로베르트 슈만이 요양원에 들어간 이후, 둘 사이의 관계는 연인이 아닐지 많은 관심을 불러 일으켰지만, 실질적인 증거는 없었다. 클라라 슈만도 음악으로 인정받기 전에, 연애담으로 관심을 끈 여성 작곡가들의 긴 목록에서 빠지지 않는다.

　이러한 운명의 가장 유명한 예, 오로지 사랑 이야기로만 소환되는 운명적인 삶의 주인공인 세 여성 중 마지막은 알마 말러Alma Mahler이다. 1879년 빈에서 태어나 낭만주의 시대 말기에 참여하지만, 함께 이야기할 수 있을 만큼 앞선 두 여성 음악가의 여정과 몹시 흡사하다. 결혼 전 이름이 알마 쉰들러Alma Schindler인 그녀는 자신의 능력으로 두 세기 사이에 있던 위대한 예술가들을 사로잡았다. 그 예술가들의 이름을 언급해야 할까? 그녀의 존재와 중요성의 증거로 긴 연인 목록을 공개하는 것은, 알마 쉰들러를 더 작게 만드는 일이다. 그녀는 단순하지 않다. 일기를 보면 자신감과 통제력을 드러낼 때는 자신에 대한 확신에 차 있지만, 또 어떤 때에는 창작에 대한 격정으로 짓눌리고, 슬퍼하고, 산산조각이 나기도 한다. 알마 말러는 다양한 예술 경향, 철학과 문학에 관심이 컸을 뿐만 아니라, 피아노를 완벽하게 연주하고 작곡도 했다.

구스타프 말러Gustav Mahler(그녀의 열망에 종지부를 찍은 사람)를 만나기 전에, 알마는 자기 자신이라는 첫 번째 장벽에 직면한다. 성장해 가면서 그녀는 자신의 자질을 의심하고, 클라라 슈만처럼, 여성들이 삭제된 예술 영역의 선구자가 된 자신의 모습을 그려본다. 그녀의 꿈은 무엇이었을까? 천재로 여겨지는 것. "큰일을 이루고 싶다. 아직까지 어떤 여성도 결코 하지 못한, 정말 멋진 오페라를 작곡하고 싶다.

그렇다, 그게 바로 내가 원하는 것이다."

　꿈을 이루기 위해 그녀는 교수들에게 둘러싸여서 열심히 공부했다. 비록 자신의 취향에 맞지 않더라도. 게다가 여성의 롤 모델이 드물고, 실망스러운 상황에서 알마는 어떻게 인내하고 버틸 수 있을까? 그녀는 프랑스 작곡가 세실 샤미나드Cécile Chaminade의 「피아노와 관현악을 위한 콘서트Concertstück pour piano et orchestre」를 들을 기회가 있었는데, 그 음악을 듣고 환멸을 느꼈다. "그녀는 모든 여성에게 수치스러운 존재다. 그녀를 언급하는 이유는 개인적으로 매우 실망스러웠기 때문이다. 여성 작곡가에 대해 들어 본 적이 드물다고 생각했는데, 실상 이름밖에 모르는 한 여성 작곡가가 나를 구원해 주었다. 이젠 잘 알겠다, 이런 공연을 듣고나니. 여성은 절대로 좋은 곡을 만들 수 없을 거라는 사실을." 이 격렬한 모욕감(일기에 쓰려고 메모한)은 아마도 다른 여성의 작품이 무대에서 공연되는 것을 보고 느낀 일말의 질투심 혹은 그녀의 성격에서 비롯되었을 것이다. 알마 말러는 말을 가리지 않고 하는 성격인 데다, 매사에 자기 의견이 있었다. 자신의 위대한 사랑이 될 구스타프 말러의 음악에 대해서도 마찬가지였다. 말러의 음악을 듣고 싶어 하는 사람 앞에서도 그 음악을 비판하기도 했다.

　관습, 남성, 예술 앞에서 알마가 보이는 자유로움은 불신을 불러일으킬 만큼 유혹적이었다. 그러나 결혼은 매우 엄격한 틀을 강요할 것이다. 결혼 전에 구스타프 말러는 알마에게 20여 페이지에 달하는 편지를 썼다. 말러는 "우스꽝스럽고 품위를 떨어뜨릴" 수도 있으니, 부부 사이의 경쟁을 피하기 위해 작곡을 그만두라고 요구했다. 구스타프 말러의 이 편지는 유명해진 반면, 알마 쉰들러가 일기에 썼던 반응은 조금 덜 유명하다. 극적인 상황을 좋아하는 그녀는 솔직하게 이렇게 썼다. "내 음악을 포기하는 것은 지금까지 살아온 이유를 포기하는 것이다. 가장 먼저 든 생각은 거절이었다. (…) 이로 인해 나는 영원히 내 안에 가시를 박아 두게 될 것이다."

왜 그처럼 눈부시고 완벽한 여성이 말러의 뜻을 따른 것일까? 사랑 때문이었다. 아니면 오히려 강력하고 대단한 남자를 전적으로 존경하기 때문이었다. 당시 그는 빈 오페라의 감독이자 그녀를 '올바른 길'로 이끌 남자였다.

어쨌든 그녀의 말에 따르면 그랬다. 결혼을 하자, 이 젊은 여성은 남편을 위해 모든 것을 바치고 남편에 대한 사랑으로 자신을 희생하는 모범적인 아내가 되고자 했다. 이제 사랑하는 사람에게 온 힘을 다하고 그의 모든 요구를 들어주었다. 정해진 시간에 준비된 식사든, 그가 집중해야 할 때 강요된 침묵이든.

파티와 가벼운 만남, 음악과 배움의 삶을 포기하는 것은
알마 말러에게 몹시 가슴 아픈 일이다. 그녀는 외롭고 버림
받았다고, 자신이 쓸모없다고 느꼈다. 결혼하면서 억누르
려 했던 욕망과 삶이 되살아났고, 남자들과 관계를 맺기 시
작했다. 그중 건축가인 발터 그로피우스Walter Gropius와의 만
남은 구스타프 말러에게 근본적인 태도 변화를 일으켰다.
구스타프는 그때 정신분석학의 창시자인 지그문트 프로이
트Sigmund Freud에게 상담을 했다. 프로이트는 알마의 말과
열망을 말러가 듣도록 부추겼을까? 사실 1910년 마침내 그
의 아내는, 그가 보기에 작곡가가 되어 가고 있었다. 구스타
프는 아내의 가곡 다섯 편을 발표했고, 아내에게 더 많이 작
곡하라고 격려했다.

　그 연작을 개시하는 첫 번째 곡인 「침묵의 도시」는 우리
를 위대한 낭만주의 시대에서, 이보다 더 현대적이고 덜 서
정적인 20세기 초로 넘어가는 전환기로 빠져들게 한다. 여
성의 목소리와 피아노 듀엣에 절제미가 있으며, 이는 변주와
장식에서 부드럽게 벗어나 텍스트만 생생하게 두드러지게
한다. 이 가곡에서 알마 말러는 시인 리하르트 데멜Richard
Dehmel의 시구를 빌렸다. 1910년, 1915년, 1924년에 알마
말러가 작곡한 세 편의 연작 가곡 속에 그 시인의 시가 인
용되는 것을 보면, 알마가 그 시인에 경탄했던 것 같다.

"왜 삶에서 내가 결코 충실하지 못했는지 알고 있다. 나는 하나의 마음에 영혼을 담을 수 없을 만큼 너무나 복합적인 사람이다. 나는 모든 것이 흥미롭다." 복합적이고, 재능 있고, 섬세하고, 지적이고, 교양 있는 여성. 영감을 받아 공을 들인 그녀의 음악은 남편의 음악보다 훨씬 자유로우며, 엄청난 자질을 느낄 수 있다. 그러나 역사는 오직 그녀가 나눈 사랑들에만 관심을 보였다. 역사 속에서 그녀는 때로는 '식인귀'로, 미덕이 없고, 기괴하고, 교활한 여성으로 묘사되거나, 반대로 복종적이고 연약한 여성으로 그려졌다. 알마 말러의 개성은 형용사 몇 개로 요약될 수 없다. 그러니 오랫동안 그녀의 삶이 이야기되고, 심지어 삶이 허구로 꾸며지기까지 했다면, 지금이야말로 알마 말로의 작품을 발견하고, 거기에서 그녀의 사랑이야기만큼이나 많은 감상을 이끌어 내야 할 때이다.

이 세 여성 작곡가의 부서진 운명이 유사하다고 해도, 음악사에서 그들이 삭제된 것은 정당화될 수 없다. 기혼이든 독신이든, 영감을 덜 받았든, 오페라 혹은 교향곡에 관심을 둔 다른 모든 여성 창작자를 망각하는 것은 정당화되지 않는다.

# 아, 내가
# 남자였다면…

세 명의 루이즈 중 누구부터 시작해야 할까? 교향곡을 남
긴 드문 낭만주의 여성 작곡가 중 한 명인 루이즈 파렝Louise
Farrenc, 빅토르 위고가 유일하게 오페라 대본을 써 준 친구
루이즈 베르탱Louise Bertin, 아니면 1827년 파리음악원에서
오르간 부문 1위를 수상한 루이즈 드 라 이예Louise de La Hye
부터 시작해야 할까? 19세기에 가장 많은 작품을 쓴 여성
작곡가 중 하나인 클레망스 드 그랑발Clémence de Grandval도
있다. 앞서 언급한 폴린 비아르도로 돌아갈 수도 있다. 그녀
의 성악곡들은 그녀 자신도 의심하지 않았던 주옥 같은 작
품들이다. 그러면 그녀의 딸이자 재능이 넘치는 독학자인
루이즈 에리트비아르도Louise Héritte-Viardot도 언급해야 할
것이다. 그러면 '프랑스의 여자 슈만Schumann française'으로
불리는 마리 자엘Marie Jaël은? 19세기 최고의 장르인 오페라
에 망설임 없이 도전한 투사 오귀스타 올메Augusta Holmès는?
그를 앞세우면 국제적인 경력을 가진 세실 샤미나드 혹은

작곡 선생에게 클로드 드뷔시Claude Debussy와 동등하게 최고
의 제자로 여겨졌던 멜 보니스Mel Bonis보다 훨씬 뛰어나 보
일 수도 있다. 그러나 또 그렇게 하면, 파리음악원 콩쿠르 선
정곡이 자신의 기준에 부합하지 않자 자작곡들을 연주한 리
타 스트롤Rita Strohl을 무시하는 꼴이 될 것이다. 자신의 악기
를 오케스트라와 함께 작품 속에서 승화시킨 하프 연주자
앙리에트 레니에Henriette Renié도 있다. 그렇다면 평생을 음
악에 바치고 밤낮으로 작업한 아르망드 드 폴리냐크Armande
de Polignac로 시작하지 못할 이유가 있을까?

선택하는 것은 곧 포기하는 것이다. 그렇다면 낭만주의
시대의 수많은 프랑스 여성 작곡가에 대해 어떻게 이야기해
야 할까? 작곡으로 들어서기가 어렵고 악기 선택도 제한되
어 있음에도 불구하고, 프랑스에서는 놀라운 현상이 벌어지
고 있었다. 작곡이 수많은 여성의 탐구 영역이 된 것이다. 이
는 부분적으로 음악원의 매력으로 설명할 수 있다. 음악원
은 무료로 교육을 제공하며 음악의 문을 귀족 이외의 사람
들, 그러니까 부르주아 도덕을 따르는 데 별로 관심이 없어
서 공직에 종사할 가능성이 있는 여성들에게도 개방했다.
몇몇 남성이 여성의 창작을 지원했다는 것 역시 언급해야
한다. 모든 남성이 펠릭스 멘델스존이나 로베르트 슈만은
아니었다. 남편이건 교수, 작곡가, 편집자 혹은 오케스트라

지휘자건 그들은 여성을 위해 노력했다. 끝으로 우리는 무엇보다 이 번영의 시기를 여성의 공으로 돌려야만 한다. 결단성 있고, 재능 있으며, 열정적인 이 여성 음악가들은 변하고 발전하고 있는 음악계에 참여하고자 했다.

나폴레옹 1세가 죽은 직후 프랑스는 일시적으로 군주제를 복원하고, 리슐리외Richelieu가 정부 수반이 된다. 음악계도 마찬가지로 엄청난 변화를 겪는다. 1820년대는 그 세기 내내 펼쳐질 낭만주의 시대의 초기에 해당한다. 예술가는 왕실의 후원에서 자유로워졌고, 더 이상 귀족의 요구에 따라 작곡하지 않았다. 이제부터 작품은, 후원을 받는 경우도 가끔 있지만, 대중과 비평가 덕택에 존재하게 된다. 바로 이런 상황에서 여성 작곡가들이 출현하고, 또 존재하려고 애쓰는데, 이는 대중이 그들에게 깐깐하게 굴었기 때문이다. 여성들의 재능은 기껏해야 '남자 같은' 재능, 이른바 남성다운 작곡으로 정당화되었다. 최악의 경우 여성들은 멸시당하고 심지어 음악 세계에서 배제되었다. 이런 난관에 대처하기 위해 여성 작곡가 대부분은 "직접 맞서기보다 사회가 강요하는 조건들에 적응하기"를 선택했다고, 플로랑스 로네가 『19세기 프랑스의 여성 작곡가들Les Compositrices en France au xixe siècle』에서 강조했다. 이 책은 여성 창작품을 발견하기 위해서 반드시 참조해야만 한다.

일부 여성은 어쨌든 남성과 같은 대우를 받기 위해 싸웠다. 예를 들어 파리음악원의 피아노 교수 루이즈 파렝은 남성 동료들과 같은 급여를 받기 위해 수많은 편지를 썼다. 그러나 대다수 여성 창작자는 좋은 사람들과 좋은 관계를 맺으려 하며, '성별에 구애받지 않고' 대중에게 어필하는 음악을 작곡했다. 결과적으로 우리는 여성이 작곡한 종교 음악을 거의 발견할 수 없는데, 교회는 여전히 남성들이 지배하는 장소이기 때문이다. 매우 독실했던 멜 보니스와 클레망스 드 그랑발은 예외적으로 종교 음악을 작곡했다. 드 그랑발의 미사곡과 「슬픔의 성모Stabat Mater」는 최근에 공연되었는데, 미사곡은 2019년 아상튀스Accentus 합창단이, 「슬픔의 성모」는 2017년 콩파니 드 루아즈뢰르Compagnie de l'Oiseleur가 무대에 올렸으나 공연 실황은 녹음하지 않았다.

주세페 베르디Giuseppe Verdi의 「라 트라비아타」나 레오 들리브Léo Delibes의 「라크메Lakmé」와 같은 낭만주의 시대의 최고의 장르인 오페라에서도 여성은 배제되었다. 당시 서정 음악극(코믹오페라는 예외로 취급했다)들을 소개했던 오페라드파리에서는 여성이 작곡한 작품을 거의 공연하지 않았다. 그러나 항상 예외는 존재한다. 19세기 말인 1895년, 오귀스타 올메는 오페라드파리에서 처음으로 공연된 4막짜리 서정 음악극 「검은 산La Montagne noire」의 대본을 쓰고 작곡했다. 실패는 혹독했다. 열세 번 공연하면서 획득한 꾸준한 흥행 수입이 증명해 주듯 대중의 평가는 나쁘지 않았는데, 평단은 이 첫 번째 시도를 혹독하게 비판했다. 이 경험 이후 오귀스타 올메는 더 이상 서정 음악극에 손을 대지 않았다.

여성이 연주하는 레퍼토리에 부재한 또 다른 커다란 장르는 현악 4중주인데, 이는 여성이 이 악기에 접근하기가 여전히 쉽지 않았기 때문이다. 게다가 이 장르에는 베토벤의 그림자가 드리워져 있어 자신감이 부족한 사람들을 겁먹게 만들었다. 그러나 루이즈 에리트비아르도는 그런 여성이 아니었다. 어릴 때도 과단성 있었던 그녀는 위대한 고전 문학을 읽으려고 고대 그리스어를 독학했다. 그녀의 어머니인 가수 폴린 비아르도가 딸을 음악 교사들에게 소개했을 때 교사들은 오래가지 못했다. 어린 루이즈는 까다롭고 심지어 잔인한 자신만의 방법을 선호했다. 그중 하나는 침대 난간에 발을 매달아 조금만 움직여도 깨어나서 악보를 작업하는 것이었다.

외로운 어린 시절을 보낸 후 그녀는 "작곡에 대한 격렬한 욕망"을 느끼고, 가족의 도움 없이 작곡가의 삶에 몸과 마음을 바치게 된다. 그녀는 특히 파리시가 주최한 대회에 익명으로 지원해 상을 받게 되는데, 당시 여성 혐오에 부딪혔다.

심사 위원단은 그녀의 정체를 알고 나서 여성의 작품에 상을 주는 것을 거부했다. 부당한 결정으로 그녀는 절망에 빠지기보다 더욱 성장한 것 같다. 그녀는 300편이 넘는 작품을 작곡했는데, 카미유 생상스Camille Saint-Saëns가 그녀에 대해 언급한 내용에 따르면 감탄을 자아내게 하는 엄청난 목록임에 틀림없다. 다음의 말을 믿어야 할 것이다. "루이즈가 남자였다면, 그녀의 천재성은 음악에서 진정한 혁명을 일으켰을 것이다." 불행히도, 그 목록 중 남아 있는 것은 코믹오페라 한 편(「랭도로Lindoro」), 칸타타 한 편, 가곡 몇 편, 피아노 현악 4중주 세 편뿐이다.

이 작품들을 듣다 보면, 여기저기 숨어 있는 다른 악보를 찾아보라고 호소하는 명석한 정신이 느껴진다. 그녀의 피아노 4중주 중 두 곡은 이웃 나라에서 영감을 얻은 곡이다. 「여름에Im Sommer」라는 제목의 A장조 4중주에서는 4악장 각각의 제목에서부터, 슈만의 영향을 받은 독일 스타일임을 알게 된다. 이른바 "표제가 있는" 이런 작품 형식에서 남녀 작곡가는 제목으로 자신의 음악이 환기하는 것을 알려준다. 가장 잘 알려진 예는 원래 「피아노포르테나 클라비쳄발로를 위한 환상곡 형식 소나타Sonata Quasi una fantasia per il clavicembalo o Pianoforte」라는 작품명인 베토벤의 피아노곡 「월광 소나타」이다. 사실 이 작품은 작곡가 사후 5년 뒤 '월

광 소나타'라는 별칭을 얻으면서 유명해졌다. 이런 예로 엑토르 베를리오즈Hector Berlioz의 「환상 교향곡」, 폴 뒤카Paul Dukas의 「마법사의 제자」, 카미유 생상스의 「죽음의 무도」, 모데스테 무소르그스키Modeste Moussorgski의 「민둥산의 하룻밤」 등을 들 수 있는데, 이 제목들은 음악을 들으며 그릴 수 있는 이미지들을 단번에 투영한다.

　에리트비아르도의 4중주 「여름에」의 시작 부분을 들으면 마치 깨어나는 숲속에 있는 것 같다. 현과 피아노 소리가 평화롭고 동시에 생기 있는 분위기 속에 빠지게 한다. 두 번째 악장 「파리와 나비」는 날고, 치솟고, 고음에서 피아노 건반은 현악기의 피치카토(활로 문지르지 않고 손끝으로 튕겨서 연주하는 기법)에 응답하여 우리를 일종의 날아다니며 빙빙 도는 춤 속으로 끌어들인다. 세 번째 악장 「뜨거운 열기」에서는 무겁고 더운 분위기가 훨씬 느린 템포로, 거의 활기가 없을 정도로 부드러운 멜로디와 놀라운 서정성을 지닌 음악으로 표현된다. 이 작품은 떡갈나무 아래에서 마을 사람들이 춤추는 어느 저녁을 투영하는 4악장으로 끝난다. 이 여성 작곡가는 유럽 전역을 여행하는 동안 다양한 민속에서 영감을 받아, 대중적인 춤의 테마들을 선별하여 승화시키는데, 이는 낭만주의 작가들이 매우 흔히 했던 일이다. 한편 에리트비아르도의 두 번째 4중주는 스페인에서 영감

을 받았다. 그래서 그 음악에서는 스페인의 전형적인 리듬
과 멜로디를 들을 수 있다.

여성 작곡가가 많지 않아 소수 작곡가가 더욱 빛나는 마지
막 장르는 바로 한 세기 동안 오케스트라를 빛낸 교향곡이
다. 여성 작곡가들이 여러 악장으로 이루어진 관현악 작품
에 정성을 쏟지 않은 데는 분명한 이유가 있다. 몇몇 연주자
가 아니라, 오케스트라 전체에 자신의 음악을 연주해 달라
고 설득해야만 했기 때문이다. 당시 오케스트라는 독자적
인 예술적 비전을 나타내기 시작했고, 점점 더 많은 힘을 가
진 남성이 이끌고 있었다. 이 시기에 오케스트라 지휘자의
전형이 서서히 드러났다. 오케스트라 구성원도 증가하기 시
작하여 19세기 말에는 상당한 규모에 이르게 된다. 악기 연
주자는 음악을 계속 이어갈 수 있어야만 한다. 따라서 지휘
자는 모든 보면대에서 볼 수 있는 높은 위치에 지휘봉을 들
고 서 있어야 한다. 동시에 엑토르 베를리오즈 또는 한스 폰
뷜로Hans von Bülow 같은 이들은 목소리를 높여, 오케스트라
의 공간을 구성하고 적절히 관리하는 데에 일관성이 중요함
을 강조했다. 이 시기에 작곡가들이 지휘자 역할을 겸했다
면, 세기 말에는 지휘자가 온전한 직업이 되었다. 따라서 자
신의 곡을 오케스트라가 연주하게 만들기 위해서는 지원이

필요했다. 에두아르 콜론Édouard Colonne, 샤를 라무뢰Charles Lamoureux 혹은 쥘 파스들루프Jules Pasdeloup와 같이 중요한 지휘자들은(이들 3인이 창설한 파리 오케스트라들은 오늘날에도 여전히 존재한다) 클레망스 드 그랑발, 마리 자엘, 외귀스타 올메, 아르망드 드 폴리냐크 또는 리타 스트롤과 같은 여성 작곡가의 오케스트라 작품을 연주하도록 하여 그들을 지원했다.

　루이즈 파렝은 당시 크게 호평받은 교향곡 세 곡을 작곡하여 다른 이들과 차별화되었다. 파렝을 보며 비평가들은 심지어 젊은 여성 작곡가의 위대한 미래를 예측하기도 했다. "우리는(잡지 『뮤지컬 벨기에 La Belgique musicale』) 마담 파렝의 교향곡을 들은 후, 지금까지 보아 온 것과는 달리 하이든, 모차르트, 베토벤 같은 사람들의 험난하고 진지한 길을, 여성이 성공적으로 걸어갈 기회가 있을 수 있겠다는 결론을 얻었다."

　프랑스에서 이 작품들이 다시 연주되기 시작한다. 2018년 라디오프랑스 필하모니 오케스트라의 수석 지휘자 미코 프랭크Mikko Franck의 지휘하에 「3번 교향곡」이, 로랑스 에퀼베Laurence Equilbey가 지휘봉을 잡은 인술라 오케스트라Insula orchestra가 1번과 3번 교향곡을 연주했다.

　19세기 전반에 작곡된 이 작품들은 매우 고전적인 영감

을 보여 준다. 파리 음악원에서 열린「교향곡 2번」초연에
서는 이 작품에 이어 모차르트의「피아노 협주곡 라단조」가
연주되었는데, 마치 두 곡 사이에 메아리가 울려 퍼지는 듯
했다.

　지난 몇 년 동안 명성 있는 오케스트라가 연주하는 루이
즈 파렝의 음악을 들을 수 있었던 반면, 여성 작곡가들이 작
곡한 나머지 오케스트라 작품은 콘서트 프로그램에 포함되
기가 쉽지 않았다. 그러나 오케스트라가 꼭 교향곡만 연주
하는 것은 아니다. 여성 교향곡이 없다는 이유로 남성 작곡
가의 곡으로만 편성된 프로그램을 쉽게 정당화할 수 있다
고 해도, 가령 오귀스타 올메의 교향시에 관심을 기울이거
나 멜 보니스의 짧지만 화려한「전설의 세 여인Trois femmes de
légende」을 들려주면서 조금 더 깊이 파고들어야 한다.

　그녀는 본명이 멜라니 보니스Mélanie Bonis이지만, 중성적
인 이름을 사용해 음악계에 발을 내딛었다. 이는 멜 보니스
만 채택한 전략이 아니다. 많은 이가 성性만 표기해서 작품
에 서명했다. 보니스는 전설적인 인물인 살로메, 오필리아,
클레오파트라를 중심으로 이 삼부작을 작곡했다. 우리가 그
작품에서 페미니스트적인 시선을 읽을 수 있을까? 그녀의
사생활과 음악 그리고 예술 전반에 대한 글이 혼재하는 일
기「기억과 성찰Souvenirs et réflexions」에 쓴 여러 구절에서, 당

대 여성들이 겪었던 강요에 재치있게 대응하는 모습을 볼 수 있다. 1926년 4월에는 코르셋 착용에 반대하는 반항적인 글을 썼다.

"아니 근데, 내가 젊었을 때 코르셋이 어떤 것이었는지 당신들은 상상도 못 할 것이다!! 허리!!! 가는 허리!!! 허리, 대체 그게 뭐길래? 저걸 어디에 넣어? (…) 코르셋을 허리에 단단히 조이느라(허리가 있었기 때문에) 찰과상을 입어 딱지가 덕지덕지 있던 뚱뚱한 여성을 안다. 당신들은 그 모습이 매력적이라고 생각합니까? 그런데 그 결과는? 변형, 탈장, 끔찍한 출산 공포, 미래 어린아이의 발달에 해를 끼칠 우려가 있어 범죄적이라 할 수 있는 복부 압박에까지 이를 수 있다. 엄청난 불행이다! 그런데도 우리가 문명화되었다고 생각한다니!"

이런 자유로운 말투는 신분을 드러낸다. 멜 보니스는 다른 동료들과 달리 귀족 출신이 아니다. 어린 시절 집에 피아노가 있었다는 사실이 부자라는 표시이긴 하지만(어쨌든 그녀는 소시민 출신이다), 피아노는 배울 수 있는 악기는 아니었다. 가족과 친구들 눈에 띄기 전까지 그녀는 혼자 음악을 시작했다. 친구들은 확신이 없어 하는 부모를 설득해 그녀가 수업을 받게 했다. 18세에 그녀는 파리음악원의 화성학과반주 수업(여성반)에 들어갔다. 우수한 성적 덕택에 작

곡반에 들어갔고, 거기에서 에르네 기로Ernest Guiraud 교수
의 지도하에서 빛을 발한다. 에르네 기로는 클로드 드뷔시
의 작품만큼이나 멜 보니스의 작품에 경탄했다. 멜 보니스
는 한 예술가와 사랑에 빠졌는데, 이런 환경이 젊은 여성에
게 적합하지 않다고 생각한 부모님의 압력으로 음악원을 떠
나야 했다. 너무 자유롭고 방종했다는 이유로.

　부모로서 권위를 세우기 위해 부모는 그녀보다 22세 연
상인 부유한 기업가이자 두 번 결혼을 했었고 다섯 아이를
둔 알베르 도망주Albert Domange와 그녀를 결혼시켰다. 꿈이
었던가. 남편은 작곡을 금지하지는 않았지만, 그녀는 계속
예명을 써야 했다. 1899년 그녀는 첫사랑과 은밀한 관계를
맺어 비밀리에 딸 마들렌을 낳았다. 같은 해 그녀는 아마도
연인의 권유로 SACEM(음악 작가, 작곡가 및 음악 발행인
협회)에 '작곡가'로 등록하여 음악이 자신에게 단순한 오락
이 아님을 증명했다. 그녀의 말에 따르면 음악은 "행복을 향
한 열망의 고뇌이고, 우리에게 미소 지으면서 동시에 우리
를 빠져나가는 무언가를 향한, 민감하고 다정한, 내 모든 존
재를 긴장시키는 것이다."

　매우 독실했던 그녀는 종교를 그 무엇보다 우선시하여 무
신론자 음악가를 '괴물'로 간주했다. "예술이 진정으로 신
성하다는 증거는 모든 장르에서 가장 훌륭한 작품들이 종

교 사상에서 영감을 받았다는 점이다. 나는 이 말에 논쟁의 여지가 없다고 생각한다." 그녀의 방대한 작품 목록에 종교적 다성 작품 20여 편이, 그리고 그녀가 즐겨 연주한 오르간을 위한 작품 30여 편이 있는 것은 놀라운 일이 아니다. 그녀의 가족 덕분에 우리는 멜 보니스를 재발견한다. 1974년에 『기억과 성찰』을 출판한 그녀의 딸 잔 브로소Jeane Brochot, 할머니와 매우 적극적인 관계를 형성한 증손녀 크리스틴 젤리오Christine Géliot 덕택이다. 멜 보니스는 바로 여성 세대가 전한 유산인 셈이다.

# 여성들은 어떻게
# 오페라에서 죽는가

투우는 군중의 함성 속에서 쓰러진다. 투우장 밖에서는 남
자와 여자가 폭력적인 논쟁을 벌인다. 목소리가 커지고, 남
자는 자신을 따르라며 칼로 여자를 협박한다. 여성은 그에
게 용감하게 대답한다. "카르멘은 결코 굴복하지 않을 것이
다. 자유롭게 태어났으니, 자유롭게 죽을 것이다." 카르멘은
돈 호세에게 맞서 그를 죽인다.+ 아니다, 미안하다. 원래 결
말은 이렇지 않다. 그러나 #미투 운동이 거세게 일기 시작
한지 불과 몇 달이 지난 2018년, 이탈리아 오페라 연출가 레
오 무스카토Leo Muscato는 조르주 비제Georges Bizet의 유명한
오페라의 결말을 변경했고, 그 결말은 많은 이야깃거리를
낳았다. 그는 "여성을 살해하는 장면에 박수를 보낼 수는 없
다."라는 논거를 댔다. 모든 오페라 연출가가 이 신조를 따
른다면 이제 무대에서 원작에 충실한 작품을 많이 볼 수 없

+ 오페라 「카르멘」에서는 원래 질투에 눈이 먼 전 남자친구인 돈 호세가 카르
멘을 죽이면서 비극적인 결말을 맞는다.

을 것이다. 여성이 오페라에서 많이 죽기 때문이다. 여성들은 능욕당하고, 불안정해지고, 강간당하고, 자살로 내몰리고, 살해당한다.

　(어쩌면) 여성이 다 그렇지는 않다고 반발할지도 모르겠다. 하지만 낭만적인 오페라에서 여성의 역할이란 대부분, 여성 철학자 카트린 클레망Catherine Clément이 『오페라 혹은 여성의 패배L'Opéra ou la Défaite des femmes』(1979)에서 강조하는 것처럼, 영광스러운 이미지가 거의 없고 오히려 '패배'의 이미지를 드러낸다. 클레망은 대본을 분석해서 오페라의 수많은 줄거리를 해독하고, 여성 캐릭터가 지배적이고 폭력적인 남성의 시선에 얼마만큼 반응하는지를 보여 준다. 그럼으로써 오페라가 여성을 승화하거나 여성에게 경의를 표한다는 생각을 비판한다. 물론 여성들은 오페라에 아주 자주 등장한다. 하지만 그 운명은 비극적이다. 오늘날 세상에서 가장 많이 공연된 오페라에는 일반적으로 작품 타이틀이 된 여성 주인공들이 무대에 등장한다. 예를 들어 「토스카」, 「노르마」, 「카르멘」, 「라 트라비아타」, 「나비 부인」, 「아이다」, 「람메르무어의 루치아」 등에서 여성은 모두 죽는다. 같은 방식, 같은 이유는 아니지만, 작품은 항상 바닥에 누워 있는 여성의 몸 위로 커튼이 떨어지기 전, 그 여성의 마지막 한탄, 마지막 외침, 마지막 숨으로 끝난다.

물론 남성도 죽음을 피해 가지 못한다. 앞서 언급한 오페라에서도 약혼녀에게 살해당한 아르투로Arturo를 포함하여 여러 남성 희생자를 열거할 수 있다. 가에타노 도니제티Gaetano Donizetti의 「람메르무어의 루치아」에서 여주인공이 정신을 잃는 장면에는 '당신의 달콤한 목소리Il dolce suono' 또는 '광기의 장면'이라는 제목이 붙어 있다. 이 장면 대부분은 피 묻은 웨딩드레스를 입은 한 여성이 10여 분 동안 자신의 희망과 환각 그리고 절망을, 숭고하고 가슴 아픈 한탄으로 노래하는 모습을 보여 준다. 이 유명한 아리아는 영화 「제5원소」에서 외계인 가수 디바 플라발라구나Diva Plavalaguna가 다시 불렀다. 영화에서는 도니제티의 오페라와는 전혀 무관한 리드미컬한 음악을 배경으로 화려한 가창력을 선보인다. 어찌되었든 도니제티는 이 장면을 오케스트라와 글라스 하모니카를 위해 작곡했다. 글라스 하모니카는 1761년에 발명가(훗날 미국 건국을 하는) 벤저민 프랭클린Benjamin Franklin이 개발한 악기이다. 사람이 손으로 문지르면 신비롭고 투명한 소리를 내는 수정 그릇을 여럿 모아 놓은 것인데, 한 세기 전에는 신경 장애를 유발하는 것으로 악명이 높았다. 글라스 하모니카를 언급한 김에, 이 악기의 첫 번째 연주자가 여성이었다는 사실을 상기하고 싶다. 2021년, 역사가 멜라니 트라베르시에Mélanie Traversier가

『글라스 하모니카와 미스 데이비스L'Harmonica de verre et Miss Davies』라는 책에서 경의를 표한 메리 앤 데이비스Mary Ann Davies가 최초의 글라스 하모니카 연주자이다. 도니제티는 오페라를 창작하며 플루트를 선택했지만, 오늘날 오케스트라가 루치아의 광기를 보여 주는 이 장면에서 수정 그릇들 소리를 사용하는 것은 드문 일이 아니다.

　아리아를 부르고 여자 주인공이 무대에서 죽음을 맞은 후 뒤늦게 사랑했던 남자가 등장하는 비극적인 장면에서는 『로미오와 줄리엣』의 줄거리가 떠오른다. 19세기에 진정한 사랑, 절대적인 사랑은 고통과 죽음(천국에서)에서만 경험할 수 있었다. 알랭 바야랑Alain Vaillant이 쓴 『낭만주의란 무엇인가?Qu'est-ce que le romantisme?』를 빌리자면 우리는 '일종의 유토피아'에 있다. 낭만주의 오페라는 종종 소설에서 영감을 받았는데('람메르무어의 루치아'는 월터 스코트Walter Scott의 작품 『람메르무어의 약혼자La Fiancée de Lammermoor』의 여주인공이다), 소설에는 불가능하고 비극적인 사랑 이야기가 반복적으로 나온다. 그러나 일부 여성 캐릭터에게는 다른 것이 작동했다. "정신 분석가들에 따르면 여성 피해자는 오페라 애호가가 가진 특징적인 환상을 풍부하게 하는데, 가령 디바(어머니)를 높은 곳으로 끌어올려 찬미한 뒤, 그녀를 훼손하는 이중적인 소망을 품게 한다."라고 음악학자 티모테 피카르Timothée Picard는 말했다. 여성은(때로는 남성) 사랑으로 고통받지 않고서는, 심지어 죽지 않고서는 사랑할 수 없다.

처벌 양상은 오페라의 모든 죽음에 계속 나타나는 것 같다. 예를 들어 카르멘은 자유로운 여성으로 남자처럼 행동하는데 유혹하고, 욕망하고, 선택하거나 거부한다. "당신이 나를 사랑하지 않는다 해도, 내가 당신을 사랑합니다. 만약 내가 당신을 사랑한다면, 조심하세요!" 이 캐릭터는 특히 코믹오페라라는 명칭으로 상연되기에, 결혼을 앞둔 젊은 여자들이 많은 가족들이 함께 모여 보기에는 부적절하고 충격적이다. 잡지 『세기Siècle』에서, 한 기자가 이 상황을 다음과 같이 신랄한 단어로 요약한다. "완전히 분노한 카르멘이다. 그녀에게 재갈을 물리고, 그녀의 머리 위에 물 한 단지를 부어 몸을 식힌 후, 구속복에 가두어 더 이상 미친 듯이 엉덩이를 흔들지 못하게 해야 한다." 이 비평가는 작품의 결말을 보지 않았나 보다. 결말에서 그의 소원이 이루어진다. 카르멘은 살해된다. 살인이 관객에게 일종의 교훈처럼 울려 퍼진다. 분명 당신들은 방탕하고 충격적인 인물을 보았다. 하지만 카르멘은 최후의 승자가 아니다.

「라 트라비아타」에서는 또 다른 자유로운 여성이 같은 벌을 받는다. 알렉상드르 뒤마의 소설 『춘희』에서 영감을 받

은 이 베르디의 오페라에는 창녀 비올레타 발레리가 등장한
다. 직업에 맞지 않게, 어쨌든 풍속에 반하여 그녀는 한 남자
만을 사랑하기로 결정한다. 작품 끝에, 감동적인「안녕, 지
난날이여Addio del passato」에서 비올레타는 잠시 연인과 재회
하고, 결핵으로 사망한다. 이중 처벌을 받은 셈이다. 하나는
자신의 조건을 던져 버린 자유로운 선택에 대한, 또 하나는
많은 모험을 감행한 여성이라는 점에 대한 처벌이다. 비올
레타의 명성은 자격이 없고, 그녀의 자유는 위험하다. 그러
므로 비올레타는 죽어야 한다.

살해당하지 않을 때나, 광기나 질병으로 죽지 않을 경우에
도, 여성들은 마찬가지로 죽음을 선택할 수 있다. 자살은 오
페라에서 반복되는 요소로, 가장 유명한 작품으로는 푸치
니의「토스카」와「나비 부인」두 작품을 꼽을 수 있다.「토스
카」의 여주인공 플로리아 토스카Floria Tosca는 가수인데, 애
인을 되찾으려 하다가 경찰서장으로부터 성 상납을 강요받
는다. 이 장면에서 토스카는「노래에 살고 사랑에 살고Vissi
d'arte」를 부른다. 특히 이 아리아는 마리아 칼라스Maria Callas
의 잊을 수 없는 공연 덕택에 유명해졌다. 마리아 칼라스는
두 손 모아 기도하는 모습으로 아주 장엄하게 노래했다. "나
는 예술을 위해 살았고, 음악을 위해 살았다." 그리고 모든

예상을 깨고 토스카가 경찰서장을 살해한다.

푸치니는 오페라에서 살인자, 특히 협박에도 굴하지 않고 최후의 복수까지 실행하는 여성을 무대에 세웠다. 형벌이 곧 다가온다. 토스카는 애인이 살해당하는 것을 목격하고 슬픔과 분노로 테베레강Tibre에 몸을 던질 것이다.

낭만주의 오페라의 또 다른 유명한 자살은 일본에서 일어난다. 「나비 부인」에서 젊은 미군 장교가 열다섯 살인 게이샤를 만나, 그녀와 결혼한다. 여기까지는 솔직히 아무것도 진행되지 않았지만, 계속 따라가 보자. 장교가 얼마 후 부인을 버리고 자기 나라로 돌아간다. 현명하고 지조 있는 그녀는 3년 동안 장교를 기다린다. 그녀는 답답하지만, 결혼 제안을 거절하며 계속 그를 기다린다. 이런 기다림은 오페라에서 가장 아름다운 아리아 중 하나인 「어떤 갠 날Un bel dì, vedremo」을 탄생시킨다. 희망을 노래하지만, 그 음악은 비명을 지르다시피 하는 음을 통해 나비 부인의 근심과 비탄을 드러낸다. 마침내 남자가 돌아오는데, 혼자가 아니다. 그의 옆에는 새로운 미국인 부인이 있다. 일본어로 '나비 부인'을 의미하는 '초초상Cio-Cio-San'은 장교에게 세 살 된 아들을 소개하고, 자신이 장교에게는 이색적이고 일시적인 사랑에 불과했음을 알게 된다. 그래서 그녀는 아이를 그 부부에게 넘기고, 단검으로 자기 목을 벤다. '자해'라고 불리는, 일본 여성들의 관례적 자살 형식이다.

　물론 오페라에는 자살로 내몰리는 다른 많은 남녀 캐릭터가 있다. 그러나 여주인공 이름을 타이틀로 사용한 오페라들의 목록을 계속 뒤져 보면, 에티오피아 왕의 딸로 밝혀지는 노예, 아이다를 그냥 지나칠 수 없다. 작품 마지막에 아이다는 지하 동굴에 유폐되어 죽을 운명이던 애인을 몰래 다시 만난다. 그를 만나기로 결정함으로써 아이다는 자신의 사형 집행 서류에 서명한 셈이다. 또 다시 사랑 때문에 죽는다. 이는 낭만주의의 최고의 상징이다. 사랑의 감정은 가족이나 권력, 갈등, 우정 등 다른 모든 것보다 우선시된다.

오페라에서 여성들이 맡는 역할이 전부 '패배'만 수행하는 것은 아니다. 예를 들어 바로크 시대를 살펴보면 아리아드네(마랭 마레Marin Marais의 「아리아드네와 바쿠스Ariane et Bacchus」), 클리타임네스트라Clytemnestra 또는 이피게네이아(크리스토프 빌리발트 글루크Christoph Willibald Gluck의 「아울리스의 이피게네이아Iphigénia en Aulide」와 「타우리스의 이피게네이아Iphigénia in Tauride」)라는 중요한 여성 캐릭터뿐만 아니라 에우리디케Eurydice, 디도Didon, 페넬로프Pénélope, 다프네Daphné, 헬렌Hélène, 페드르Phèdre, 클레오파트라, 포페아Poppée 같은 여성 캐릭터들도 만나게 된다. 리하르트 슈트라우스Richard Strauss 덕분에 일부 여성 캐릭터는 낭만주의 오페라로 만들어졌다. 강렬한 여성들 중 가장 존재감 있는 인물은 메데이아이다.

신화 속 인물인 메데이아는 루이지 케루비니Luigi Cherubini의 동명 오페라에 등장한다. 이 살인마 마술사(그녀는 왕과 그의 형제, 두 자녀를 죽인다)는 승리하여 마지막에 죽음을 피한다. 이 신화적 인물은 오페라뿐만 아니라 칸타타, 서정비극,＋ 발레 혹은 오케스트라 모음집에 영감을 주었다. 잔인한 캐릭터인 메데이아를 뮤즈라고 할 수 있을까? 세네카가 그녀를 "여성의 사악함"과 "남성의 강인함"의 결합으로 묘사한 것으로 보아, 그녀의 이야기는 남성의 욕망과 권력에 종속되어 수동적인 영원한 연인이나 인물의 역할에서 여성들을 벗어나게 해 준다.

메데이아는 레퍼토리를 풍부하게 해 주는 뜻밖의 선물로, 오페라에 패배만 있지 않음을 보여 주는 완벽한 예이다. 그렇다고 해서 특정 오페라를 페미니즘적이라고 선언하거나, '여성'이 각광받는다는 이유로 남성 위주의 프로그램 편성을 정당화하기에는 아직 갈 길이 멀다. 카르멘, 비올레타, 파미나, 아이다 등의 캐릭터는 무엇보다도, 젠더 고정 관념

＋ 17~18세기 유럽 전역에서 바로크 오페라가 유행하던 시절, 프랑스에서만 유행하던 음악 장르.

과 거리가 먼 여성의 복잡성과 독립성 그리고 여성의 능력
이 제대로 표현되지 않았음을 보여 준다. 낭만적인 오페라
(이미 쓰였고 사랑받고 있기에)는 조금 늦었지만, 등장인물
과 줄거리에 신선한 시선을 주는 데에, 때로 레오 무스카토
가 「카르멘」으로 보여 준 연출이면 충분하다. 몇몇 작곡자
가 역시 남녀 사이의 불평등이란 주제를 정면으로 다루려고
시도했다. 프랑시스 풀랑크Francis Poulenc는 1947년 기욤 아
폴리네르Guillaume Apollinaire의 작품을 각색하여 「티레지아
의 가슴Les Mamelles de Tirésias」을 창작한다. 이 오페라에서 테
레즈Thérèse는 성별을 바꾸어, 티레지아가 된다. 그녀는 남편
이 집에 처박혀 있는 동안, 세상을 정복하기 위해 권태로운
주부의 지위를 던져 버린다. 티레지아는 아이를 낳지 않고
자유로울 수 있는 이점을 찬양하는데, 그녀의 남편은 모든
여성이 자기 부인의 예를 따를까 봐 두려워한다. 그래서 남
편은 여성 없이 생식할 수 있는 방법을 찾아내어, 단 하루에
4만 49명의 아이를 탄생시킨다. 수많은 우여곡절을 겪은 후
에 티레지아(그사이에 카드 점쟁이가 되었다)는 결국 자기
집으로 돌아가 여성성을 되찾는다. 작품은 다음과 같은 문
단으로 끝난다.

　프랑스인이여, 전쟁의 교훈을 들으십시오.

그리고 아이를 거의 낳지 않았던 여러분이 아이를 낳으십
시오.

친애하는 청중이시여, 아이를 낳으십시오!

이 오페라가 페미니즘적이라고 소개되었다면, 그것은 테레
즈가 남자의 이점들을 찬양하는 작품 초반부와 특히 관계있
다. 나머지 부분에 대해서는 페미니즘적인 열정에 대한 판
단을 유보할 수 있다. 왜냐하면 2차대전 후의 상황이 여성이
아이를 낳는 것 외에 다른 것을 상상하게 도와주지 않기 때
문이다.

오페라가 페미니즘적이 될 수 있을까? 가능하다. 오직 대
중에게 대본과 아리아 그리고 등장인물에 대한 새로운 해석
을 제공하는 경우에만 그러하다. 대중을 선동하거나, 디즈
니 애니메이션처럼 달콤하게 만들 필요는 없다(인어 공주
는 안데르센 동화에서 멋쟁이 왕자를 만나는 것으로 끝나지
않는다). 때로는 연출에서의 미묘한 디테일이 모든 것을 바
꿀 수도 있다. 연출에 동원된 인물들은 작품을 너무 '문자 그
대로' 이해하지 않도록 분명한 태도를 취해야 한다. 고전 작
품들을 새롭게 재해석하고, 더 많은 현대적인 창작물과 결
합함으로써 오페라는 언젠가 완전히 21세기의 장르로 자리
잡을 수 있을 것이다.

# 여성이 트럼펫을 분다고?
# 여성이 트럼펫을 불지!

노르망디 중심부의 오르벡Orbec이라는 도시에서 마을 사람들은 기이한 광경을 목격했다. 보컬 그룹 40개 가운데 한 여성 브라스밴드가 트롬본, 호른, 색스혼, 코넷을 불고 있었다. 1865년 8월 6일의 일이다. 매년 민중음악을 가장 아름답게 해석한 팀에게 상을 주는 '브라스밴드 콩쿠르'에서 처음으로 여성으로만 구성된 소규모 브라스밴드가 대중 앞에서 공연하려고 한다. 여성 음악가들이 무대에 오른다. 색소폰 발명가의 형제이자 여성의 기악 사용을 열렬히 옹호하는 알퐁스 삭스Alphonse Sax의 지휘로, 그들은 호기심 많은 군중 앞에서 프랑스 제2제정의 국가 「시리아로 떠나며Partant pour la Syrie」를 연주한다. 음악은 알렉상드르 드 라보르드Alexandre de Laborde의 가사에 오르탕스 드 보아르네Hortense de Beauharnais(나폴레옹 3세의 어머니)가 곡을 붙였다. 대중과 심사 위원들은 깜짝 놀랐다. 브라스밴드의 연주는 장밥티스트 아르방Jean-Baptiste Arban의 가장 최신작으로 높게 평가받는 「베니스 카니발 변주곡Variations sur le carnaval de Venise」
으로 이어지는데, 활기차고 축제 분위기가 나는 멜로디는
거장의 음악 몇 소절을 연주하며 끝을 맺는다. 대중은 열렬
히 박수를 쳤다. 브라스밴드는 악단과 지휘자 부분에서 금
메달을 두 개 획득했다.

　이 공연의 성공으로 알퐁스 삭스는 자신이 추진해 온 다소
무모한 프로젝트의 근거를 확신했다. 2년 전 그는 『폐 운동-
위생의 관점에서 본 기악과 여성 관현악단 창설Gymnastique
des poumons. La musique instrumentale au point de vue de l'hygiène et la
création des orchestres féminins』이라는 책을 출간하여, 여성의 악
기 연주, 특히 금관 악기 연주를 옹호했다. 그에 따르면 호
른, 플뤼겔호른(트럼펫과 유사함) 또는 코넷(작은 호른의
일종)과 같은 악기 연주는 건강과 호흡, 임신에 도움이 될
뿐만 아니라, '여성에게 남은 것은 아무것도 없다'라고 생각
했기에 사회 발전에도 도움이 될 수 있다. 여성들이 가정과
도시 그리고 예술에서 남성의 아주 강력한 힘에 짓눌려 있
다고 확신한 이 페미니스트는 자기 생각을 표출하는 데 그
치지 않는다. 그는 음악이 건강에 미치는 긍정적 영향을 연
구하기 위해(그의 연구에 실질적인 과학적 가치가 있지는
않다) 여러 여자아이들에게 관악기를 가르치고, 여성들이
남성적이라고 여겨지는 악기를 훌륭하게 연주할 수 있음을

증명했다.

우리는 여기까지 와 있다. 그런데 악기에도 성별이 있다는 생각은 어디에서 비롯된 것일까? 19세기에 여성은 심지어 공공장소에서도 피아노를 칠 수 있었는데, 왜 관악기는 허용되지 않았을까? 고대에 여성이 타악기나 플루트, 기타, 하프를 연주하는 장면이 특히 꽃병 같은 것에 그림으로 남아 있고, 계몽주의 시대가 한창일 때 여성이 비올라다감바, 호른, 바이올린, 만돌린 연주에 두각을 나타냈다는 점을 고려해 본다면, 이 규정은 더욱 이상하다. 당연히 그 수는 매우 적었지만, 어떤 여성들은 오케스트라에 합류하여 루이 15세와 루이 16세 치하에서 가장 유명한 음악의 밤을 기획한 '콩세르 스피리튀엘(당시 특정 연주회 이름)Concert Spirituel'에서 공연할 수 있었다. 몇 안 되는 여성 연주자가 무대에서 완전히 사라지고 단지 몇 십 년 후에 '여성은 특정 악기를 연주할 수 없다'는 규정이 자리 잡았다.

관습은 지속되고 있다. 프랑스오케스트라협회가 2016~2017에 오케스트라 40여 개에 시행한 연구에 따르면, 오늘날 프랑스 오케스트라에서 여성은 금관 악기와 타악기 연주자의 5퍼센트 미만을 차지하고 콘트라베이스 연주자의 4분의 1 미만을 차지하는 반면, 하프 연주자의 85퍼센트, 플루트 연주자의 절반 이상이 여성이다. 이런 식으로 악기가 분

포된 이유는 무엇 때문일까?

소리와 크기 때문이라는 대체로 명확하고 뻔한 대답이 있다. 여성의 경우 플루트와 같이 높은 톤의 작은 악기, 남성의 경우 콘트라베이스와 같은 낮은 톤의 부피 큰 악기를 사용한다는 대답이다. 우리는 무의식적으로 음역과 소리의 범위에 따라 악기를 분류하고, 여기에 여자아이는 너무 무거운 악기를 들 수 없다는 편견을 덧붙인다. 이런 신화를 깨뜨리기 위해, 하프(이른바 여성적인 악기)를 연주해 보거나 운반해 보라. 하프 연주자들이 얼마나 놀라운 체력과 온몸을 사용해 연주하는지 어느 정도 알 수 있을 것이다. 하지만 하프는 소리가 매우 부드럽기 때문에 남성들은 이 악기에서 배제되거나 혹은 남성성에 타격을 입게 된다. 이는 1912년 하프 경연 당시에 에밀 뷔예르모즈Émile Vuillermoz의 비평으로 증명된다. "우리는 이따금 가볍게 손놀림하는 하얀색과 분홍색 차림의 여자아이들 무리에서 길을 잃은 소심한 남자아이가 검은색 재킷으로 무대를 우울하게 만들면서 어색하게 등장해, 예쁜 맨손으로 부드럽게 어루만져야 완전히 진동하는 황금 현을, 거친 손가락으로 문지르는 것을 본다."

반대로 여성이 자신의 성별에 맞지 않는 악기를 잡아 들면 논평이 쏟아졌다. 예를 들어 음악 평론가인 알베르 클레르Albert Cler는 1840년에 다음과 같이 썼다. "가령 바이올린,

플루트 또는 콘트라베이스 같은 남성 전용 악기를 침범한
여성은 일반적으로 남성적인 외양에 콧수염을 약간 기르고
있다."

18세기 말, 독일의 목사이자 작곡가인 카를 루트비히 융
커Carl Ludwig Junker는 여성 음악가에 대한 사고방식의 변화
를 명확하게 보여 주는 글을 출판했다. 그는 그 글에서 하
프시코드, 류트, 키타라cithare 혹은 하프가 포함된, 여성들
이 연주할 수 있는 악기 목록을 작성했다. (100년 이상 지
속될) 이런 분류를 정당화하기 위한 그의 논거는 관악기
를 연주하는 여성은 추해진다는 사실에 근거한다. 사람들
은 오직 미적이고 육체적인 기준을 토대로, 여성들의 손
에서 악기를 빼앗게 된다. 음악학자이자 사회학자인 야생
트 라베Hyacinthe Ravet는 『음악가들-여성과 음악에 대한 조
사Musiciennes, Enquête sur les femmes et la musique』에서 여성 연주
자들에 대한 이런 발상에 대해 길게 언급했다. 19세기에 여
성의 몸은 우아하고 정숙하며 수수해야 했다. 여성을 억압
하는 이러한 통제는 특정 악기를 연주하는 것을 불가능하게
만들었다. 첼로는? 첼로는 벌어진 다리 사이로 잡아야 하는
데, 이는 정숙하지 못하다. 플루트는? 입을 사용하고, 침도
약간 흘려야 해서, 추천할 만하지 않다. 오보에, 클라리넷,

바순은? 입으로 관악기의 주둥이나 혀를 물어야 하니, 더욱
불건전하다. 바이올린은? 몸을 너무 많이 움직여야 하고, 팔
로 커다란 제스처를 취해야 하니 어림없는 일이다. 그렇다
면 금관 악기인 트럼펫, 호른, 트롬본은? 얼굴이 붉어지고
뺨이 팽창하고 때때로 침이 악기에서 배출되니, 더더욱 안
될 일이다.

프랑스에서 1795년 창설된 이래로 파리음악원에는 남녀
혼성반이 있었지만 완전하게 남녀 평등을 보여 주지는 않
았다. 여성은 베르제르가로, 남성은 포부르푸아소니에르가
로 출입하는 방식으로 건물 출입구가 분리된 것처럼, 수업
도 마찬가지였다. 남녀가 함께 있을 수 있는 유일한 순간은
음악원에 콘서트가 열릴 때이다. 그때가 아니면 엄격한 기
준이 적용되었다. 즉 불행하게도 남자들이 있을 수 있는 장
소에서 여성들은 말할 권리도, 서 있을 권리도 없다. 이런 모
든 것에도 불구하고, 음악 학습에 접근할 수 있으면 여성은
더 높은 학위를 취득하고 대중 앞에서 공연하고 직업을 가
질 수 있었다. 학원과 달리 대학은 19세기 후반에 와서야 여
성들의 입학이 허용된 사실과 비교해 보면 이는 실질적으로
앞서 간 것이다. 그렇지만 파리음악원 입학이 모든 여성에
게 열린 것은 아니다. 18세기 초부터 여성들은 대부분 피아

노반, 화성반, 성악반, 하프반(남성 전용이었다가 1841년부터 허가)에 등록했다. 악보 작성이나 바이올린, 첼로, 콘트라베이스 수업 및 모든 관악기 수업에 들어갈 수 없었기 때문에, 여성들은 작곡도 더 이상 배울 수 없었다.

일부 여성은 금지 사항을 우회하기에 이르렀고, 남성들조차 '품위를 포기하지' 않고 악기 연습을 할 수 있는 방법들을 고민하기 시작한다. 바이올리니스트 장프랑수아 벨롱Jean-François Bellon은 '여성들의 바이올린'이라는 방식을 제안하는데, 이 방식에 따르면 여성들은 악기를 턱 아래가 아닌 무릎에 놓고 연주하는 것을 배워야 한다. 금지된 여러 악기 중에서 하프만이 품위의 기준과 관련이 없어 보인다. 거대한 악기인 하프는 다리 사이에 고정해 페달을 밟으며 연주하는 악기로, 팔과 다리에 엄청난 체력을 요구한다. 그런데도 하프가 예외가 된 데에는 여러 이유가 있다. 우선 이미 언급한 것처럼, 하프의 소리가 하나의 이유이다. 투명하고, 날카롭고, 가볍고, 낭만적인 소리는 그 당시(그리고 오늘날에도 여전히) 우리가 인식하는 것보다 훨씬 더 쉽게 여성과 연관되었다. 또 하프는 아주 오래된 악기로 리라와 유사한데, 현악기를 뜯어 연주하는 여성 음악가의 그림은 다양하게 존재한다. 이 점은 하프의 수용을 용이하게 한다. 마지막으로 하프가 무거운 것도 한 가지 이유이다. 쉽게 움직이지 않는 악기

를 여성이 연주하게 하면 여성의 이동이 더 잘 통제된다. 피
아노나 하프는 여성들이 아무 곳에서, 아무하고나 연주할
수가 없다. 여성들은 자신의 악기 및 그 악기가 있는 장소에
종속된다.

이런 도덕적인 금지 이유에, 곧바로 임상적인 이유가 추
가되었다. 알퐁스 삭스는 『폐 운동』에서 음악 연습의 효용
성을 주장했는데, 이는 악기에 바람을 불어넣는 것이 여성
에게 미칠 수 있는 해로운 영향을 보여 주는 연구에 대응하
기 위해서다. '운동'은 하찮은 단어가 아니다. 이는 당시 여
성들에게 허용된 드문 육체 활동 중 하나이다. 당시 스포츠
는 사실상 다산성에 문제를 일으킬 수 있고, 심지어 생식 능
력을 상실시킬 수도 있다고 여겨졌다. 악기의 성별 배분과
관련해 덜 명확하지만 더 깊이 있는 최근 가설에서는, 천부
적으로 타고난 기술과 어떤 도구나 물품(여기에서는 악기)
이 필요한 기술을 구분 짓는 개념을 차용한다. 이는 파올라
타베트Palola Tabet의 『손, 도구, 무기Les Mains, les outils, les armes』
에서 영감을 받았다. 이런 관점에서 더 쉽고 자연스럽게 여
성을 성악과 춤에 연결하고, 남성을 기술, 즉 악기 사용에 연
결한다.

낭만주의 시대가 한창일 때 오케스트라가 확대되었다.
이때부터 오케스트라는 이른바 여성의 악기가 될 현대의

플루트를 받아들인다. 하지만 지휘의 영역에는 여성이 보이지 않는다. 여성들은 파리음악원 수업을 들으면서 경력을 쌓거나 뛰어난 연주자로 성장할 수도 있었지만, 자신들이 작곡한 것을 연주하게 할 수 없었기에, 애호가로서, 사적이고 은밀한 분위기에서 또는 피아노라는 유일한 악기로만 연습해야 했다. 이 어두운 그림에 희망의 서광이 비친다. 낭만주의 시기는 훌륭한 피아노 작품을 창작하는 데 이상적이었기에. 엘렌 드 몽제루 이후 거의 한 세기가 지나면, 피아노는 왕이 되고, 20세기 동안 명실상부한 여왕이 몇 명 탄생하게 된다.

## 선곡 목록 4

파니 멘델스존, 「이탈리아Italien」

파니 멘델스존, 「피아노 트리오Trio avec piano」, 작품 번호 11

클라라 슈만, 「피아노 트리오Trio avec piano」, 작품 번호 17

세실 샤미나드, 「협주곡Concertstück」

알마 말러, 「찬가Hymne」

루이즈 파렝, 「3번 교향곡Troisième symphonie」

오귀스타 올메, 「검은 산」

루이즈 에리트비아르도, 피아노 4중주 「여름에」

멜 보니스, 「전설의 세 여인Trois femmes de légende」

가에타노 도니제티, 「달콤한 소리Il dolce suono」, 오페라 「람메르무어의 루치아」에 수록

자코모 푸치니, 「어느 아름다운 날 우리는 만날 거야Un bel dì, vedremo」, 오페라 「나비 부인」의 아리아

조르주 비제, 「카드 트리오Le trio des cartes」, 오페라 「카르멘」의 아리아

**5**

자신만만한
현대 음악가들

20세기는 황금빛 전망으로 시작된다. 프랑스 작곡가 릴리 불랑제는 여성 최초로 권위 있는 상인 로마 그랑프리⁺를 받는다. 여성 지휘자가 이끄는 여성 오케스트라가 유럽 곳곳에 설립된다. 엄격하기로 유명한 헨리크 비에니아프스키Henryk Wieniawski 국제 바이올린 콩쿠르에서 우승한 바이올리니스트 지네트 느뵈Ginette Neveu처럼 여성 독주자들도 명성을 얻는다. 그리고 전 세계는 여러 세대 가수들의 모델이 될 아프리카계 미국인 콘트랄토⁺⁺ 가수 메리언 앤더슨Marian Anderson의 장중한 목소리를 발견하고 그 마력에 빠진다. 그러나 처음으로 맞이하는 이런 좋은 분위기는 두 차례의 대전이 발발하며 그 기세가 꺾인다.

⁺ 프랑스의 젊은 예술가들을 지원하기 위해 1663년에 제정된 상으로 로마에서 예술 교육을 받을 수 있도록 지원해 준다. 여성은 1903년부터 상을 받을 수 있었으며, 작곡 분야에서는 1913년 릴리 불랑제가 처음으로 대상에 해당하는 그랑프리를 받았다.

⁺⁺ 여성의 가장 낮은 음역 또는 그 음역의 가수.

# 불랑제 자매의
# 연대

1913년 5월 22일, 어린 후보자 다섯 명이 콩피에뉴 성에 들어선다. 두 번의 예선을 통과한 그들은 이제 한 달 동안 음악 경연 대회 결승을 준비해야 한다. 과제는 외젠 아데니스Eugène Adenis의 시 「파우스트와 엘렌Faust et Hélène」에 붙일 칸타타를 작곡해 발표하는 것이다. 선발된 행운아들 중에 여성이 한 명 있다. 그 어느 때보다 더 결의에 차 있는 릴리 불랑제다. 지난해에는 건강이 좋지 않아 최종 시험을 치르지 못했지만, 이번에는 끝까지 갈 준비가 되어 있었다. 다섯 후보자가 한 달 동안 격리된 상태로 악착스럽게 작업한 뒤, 다섯 편의 작품이 '파리보자르아카데미Académie des beaux-arts de Paris'의 심사 위원단 앞에 선보였다. 릴리 불랑제의 칸타타는 3등으로 결선에 올랐다. 이 대회를 위해 그녀는 오페라와 코믹오페라 남녀 가수들을 모아 화려한 캐스팅을 했고, 언니 나디아 불랑제Nadia Boulanger에게 피아노 연주를 부탁했다. 그리고 직접 오케스트라를 지휘했다. 결과는 의심의

여지가 없었다. 36표 중 31표를 얻은 릴리 불랑제는 1913
년 로마 그랑프리를 수상하고 심사 위원단의 찬사를 받았
다. "지적인 주제와 정확한 표현, 감성과 열의, 시적 감수성,
지적이고 다채로운 오케스트라, 인상적인 칸타타." 19세에
릴리 불랑제는 음악계에서 가장 권위 있는 대회에서 우승한
최초의 여성이 되었다.

　여성 창작자들에게 20세기는 이렇게 멋진 소식으로 시
작되었다. 음악처럼 보수적인 분야에서 열아홉 살의 여성
에게, 게다가 여성 혐오로 이름 높은 심사 위원단이 이런 상
을 수여하는 것은 그 자체로 아주 강력한 인정의 표시다. 릴
리 불랑제는 음악계에서 공식적으로 인정받은 '최초의 여
성 작곡가'가 되었다. 이는 최고의 성취였고, 마침내 언론
이 '천재'라는 단어로 한 여성의 재능을 설명했다. 그녀의 작
품은 동시대인에게 반향을 일으켰으며, 모리스 라벨Maurice
Ravel, 가브리엘 포레Gabriel Fauré, 클로드 드뷔시와 같이 이미
잘 알려진 작곡가들의 찬사도 이끌어 냈다. 그러나 릴리 불
랑제가 맛본 영광은 찬란했지만 짧았다. 이 천재 여성 음악
가는 여러 건강 문제로 24세에 사망한다. 모든 요소가 한데
어우러져 완벽한 신화, 즉 한창 하늘을 날아오르다 타격을
입은 한 천재의 신화의 시작을 그렸다. 어쨌든 신화는 시간
을 두고 계속되어 전설을 탄생시키기 마련…. 그렇지만 오

늘날 음악계 밖에서는 누가 릴리 불랑제의 작품을 언급할
수 있을까?

나디아 불랑제는 동생에 대한 기억과 음악을 전달하는 데
에 자기 삶의 일부를 바쳤다. 엄격함, 냉정함, 완고함. 이 단
어들은 피아니스트이자 오르가니스트이며 합창단 지휘자
이자 오케스트라 지휘자이고, 또한 작곡가이며 교육자인 나
디아를 묘사할 때 자주 등장하는 단어이다. 나디아 불랑제
는 유명한 인물이다. 가깝든 멀든 20세기 음악계와 함께 걸
어온 나디아 불랑제를 모르는 사람은 없다. 그러나 오케스
트라를 지휘할 때를 제외하면 그녀는 무대 전면에 서지 않
았다. 또한 어떤 걸작을 작곡하지도 않았다. 그녀의 명성은
파리음악원, 음악사범학교École Normale de Musique 및 퐁텐블
로미국음악원Conservatoire américain de Fontainebleau에 쌓여 갔
다. 그녀의 아우라는 자신의 집에서, 이블린Yvelines의 가르
장빌Gargenville에 있는 별장이나 파리의 클리쉬광장Place de
Clichy에서 몇 미터 떨어진 발뢰가 36번지에서 퍼져 나갔다.
현재 클리쉬광장은 릴리불랑제광장Place Lili-Boulanger으로
이름이 바뀌었다. 사진과 꽃다발이 가득하고, 피아노와 오
르간이 당당히 자리 잡은, 9구의 아파트에서 나디아 불랑
제는 100여 명의 학생을 맞이했는데, 이들 중 상당수는 필

연적으로 음악가나 작곡가가 되었다. 교수로 일하면서 나디아 불랑제는 미국인 에런 코플런드Aaron Copland, 필립 글래스Philip Glass, 레너드 번스타인Leonard Bernstein, 퀸시 존스Quincy Jones를 가르쳤다. 또한 탱고의 왕 아스토르 피아졸라Astor Piazzolla, 지휘자이자 피아니스트인 다니엘 바렌보임Daniel Barenboim을 비롯해 미셸 르그랑Michel Legrand, 이안니스 크세나키스Iannis Xenakis, 미카엘 레비나스Michaël Levinas, 피에르 앙리Pierre Henry 같은 다양한 작곡가, 그리고 벳시 졸라스Besty Jolas와 그라지나 바체비치Grazyna Bacewicz를 포함한 몇몇 여성 작곡가를 가르쳤다.

총망라한 목록이라고 할 수 없음에도, 그의 교수법이 20세기 음악에 미친 영향을 어느 정도 알 수 있다. 20세기 내내 연주, 재즈, 영화 음악 혹은 뮤지컬 등 현대적인 창작에 속하는 것은 무엇이든 나디아 불랑제의 사상과 교수법 그리고 그의 영향력이 미치고 있다. 심지어 지금도 예전의 제자 몇몇은 '마드무아젤Mademoiselle'의 뛰어난 수업에 대해 감동과 존경을 표하며 회상한다. 존중의 의미로 불렸던 '마드무아젤'이라는 그녀의 별명은 어쨌든 아이 없는 독신 여성이라는 그녀의 상황을 알려 준다. '노처녀'라는 이미지가 강하게 새겨졌고, 어떤 면에서는 나이 든 독신 이미지가 그녀에게 달라붙게 되었지만, 그것은 어쨌든 음탕한 평판을 받지 않도록 하는 데에는 도움이 되었다. 나디아 불랑제에 대한 이야기에 연애사는 없다. 주로 업무 스타일이나 엄격하고 대범한 성격에 중점을 둔 이야기만 오간다.

교육은 나디아 불랑제에게 삶의 핵심이다. 나중에 시력을 잃었는데 청력만큼은 온전해서, 집에서 옛 제자들, 전도양양한 예술가들을 비롯해 수많은 친구를 계속 맞이했다. 1979년에 숨을 거둘 때까지 강의를 계속했는데 그때 그녀의 나이 92세였다. 나디아에게는 사는 내내 또 다른 임무가 하나 더 있었는데 바로 여동생을 기리는 것이었다. 동생 릴리 불랑제가 작곡을 시작하고 거기에 열중하기 전부터 나디아는 작곡을 했다. 게다가 동생이 우승하기 5년 전에 나디아는 로마 그랑프리에 참가하여 전체 4위에 해당하는, 영예로운 그랑프리 2등상을 차지했다. 하지만 동생 릴리의 재능을 확인한 뒤에는 모든 것을 그만둔다. 질투가 아니라 통찰력 때문이었다. 여성은 여전히 작곡가로 인정받기가 매우 어려웠고, 남성조차도 작곡가로 자리 잡기 힘들었다. 그녀는 여동생에게 자유롭게 활동할 수 있는 여지를 주고 가능한 많은 문을 열어 주며 동생에 대한 믿음을 보여 주었다. 불랑제 집안의 막내 릴리는 10대 때부터 뛰어난 작품들을 작곡해 수많은 음악인의 지지를 받았다. 그들은 릴리를 격려하고 진심 어린 애정과 감탄을 표했다. 그녀의 재능을 알아차린 최초의 인물 중 한 명은 작곡가 가브리엘 포레Gabriel Fauré였다. 그는 릴리가 1909년에 파리음악원에 합류하기 전에, 그녀에게 처음으로 음악적 조언, 특히 피아노에 관한 조언을 해 주었다.

릴리 불랑제는 아주 어릴 때부터 자주 아팠다. 그 원인은 확인되지 않았지만, 건강은 욕망과 야망, 아이디어로 가득한 이 여자아이의 삶을 방해했다. 허약한 체질에, 여섯 살 때 아버지를 잃은 슬픔에서 비롯한 깊은 상처가 더해졌다. 이 두 가지 전기적 요소는 이후 그녀의 음악적 개성을 결정하게 된다. 릴리 불랑제의 작품을 들어 보면 깊고 강렬하고 복잡하고 때로는 어둡기까지 하다. 릴리 불랑제는 나이 들수록 작품 속에서 죽음에 집중하고, 죽음에 대한 비극적인 인식을 다루었다. 시편+ 129번 「어린 시절부터 그들은 나를 충분히 억압했다Ils m'ont assez opprimé dès ma jeunesse」와 같은 그녀의 작품들은 20대에 삶에 지친 여성처럼 곡을 써서 작곡가의 힘을 보여 준다.

죽기 2년 전, 릴리 불랑제는 극심한 피로를 느꼈고, 통증으로 움직일 수가 없었으며, 몇 주 내내 아무것도 할 수 없었

+ 종교시 150편을 모은 구약 성경의 한 편.

다. 이런 위급 상황에서도 시간이 잠시라도 나면 작곡을 했다. 1918년 내내, 그녀는 불랑제 가문의 별장에서 몇 킬로 떨어진 메지쉬르센Mézy-sur-Seine의 집에서 휴식을 취했다. 매우 쇠약해진 데다 스스로 마지막 순간을 살고 있음을 인식한 릴리는 나디아에게 「자비로운 예수여Pie Jesu」의 음표를 받아 적게 한다. 숭고한 '아멘'으로 끝나는 느리고 부드러운 기도, 울림을 멈추고 싶지 않은 정지된 듯한 음표였다.

대부분 합창곡이었던 50여 곡의 작품 목록에, 임종을 앞두고 작곡한 성가곡 「자비로운 예수여」가 추가된다. 그러나 여기에서는 온전한 합창곡과 달리 현악 4중주와 하프, 오르간 반주에 소프라노의 목소리만을 사용한다. 이 곡은 절제된 스타일로 다른 곡들과 달랐다. 이미 대규모 오케스트라를 위한 작곡을 열망했던 릴리 불랑제는 「불교의 오래된 기도Vieille prière bouddhique」나 「어느 봄날 아침 D'un martin de printemps」과 같은 웅장한 교향곡을 작곡했기 때문이다. 죽음은 잔잔했다. 3월 15일, 릴리 불랑제의 고통이 멈췄다. 이 젊은 작곡가의 죽음은 음악계에 큰 충격을 주었다.

이런 비극적인 결말을 어떻게 모차르트의 죽음과 연결하지 않을 수 있을까? 모차르트 역시 죽음을 앞두고 자신의 마지막 작품인 레퀴엠을 구술했다. 다만 릴리 불랑제와는 달리 모차르트는 그 작업을 끝내지 못했다. 어쨌든 릴리 불랑제는 자신의 가장 거대한 프로젝트 중 하나인 오페라 작곡에 마침표를 찍지 못했다. 1913년 로마 그랑프리 수상으로 릴리는 '빌라 메디치Villa Médicis⁺'에서 2년 동안 체류할 수 있게 되었다. 그런데 그녀의 어머니는 딸의 건강이 걱정스러웠던 데다 막내딸을 남자들 사이에 두는 것이 불안했다. 당시 빌라 메디치에 여성은 조각가 뤼시엔 외벨만Lucienne Heuvelmans⁺⁺한 명뿐이었다. 결국 릴리가 떠날 수 있는 타협점을 찾았는데, 어머니가 함께 간다는 조건이었다. 어머니가 파리에서 멀리 떨어져 지내는 것에 진저리 쳤기 때문에 체류 기간이 넉 달로 짧아졌다. 그러나 그 기간은 행복하고 생산적인 기간이어서, 릴리 불랑제는 뛰어난 예술가들에 둘러싸여 동료애의 즐거움을 발견하게 되고, 1년 전부터 생각해 온 오페라 작곡을 진전시킨다.

　실제로 1912년 모리스 마테를린크Maurice Maeterlinck의 희곡『말렌 공주La Princesse Maleine』를 발견하고, 그것을 오페라 플롯에 사용하려고 생각했다. 클로드 드뷔시의 유일한 오페라인「펠레아스와 멜리장드Pelléas et Mélisande」가 모리스 마테를링크의 작품이 원작일 정도로 이 작가는 유명했다. 릴리

---

⁺ 1793년 로마에 있던 아카데미 프랑스가 화재로 소실되자 나폴레옹이 '빌라 메디치'를 아카데미프랑스로 옮겼다. 이곳에서 로마 그랑프리 수상자들이 2년 동안 체류했다.

⁺⁺ 로마 그랑프리의 첫 여성 수상자.

불랑제는 『말렌 공주』에 집착하는데, 이 극의 주인공은 불가사의한 악에 희생당한 여성으로, 결국 독살당한다(앞서 보았다시피, 오페라의 여주인공들은 죽는다). 릴리는 모리스에게 특정 구절을 사용할 수 있게 해 달라고 요청한다. 모리스는 그 요청을 받아들여 1916년에 그녀에게 편지를 쓴다. "마드무아젤, 5장으로 된 내 드라마 『말렌 공주』를 당신이 음악으로 만드는 것을 저는 아주 기쁘게 허락합니다."

그래서 그녀는 대본을 다시 쓴 다음 음악과 성악, 관현악법⁺에 열중한다. 그녀는 주기적으로 진행 상황을 극작가에게 보냈다. 모리스는 동시대의 가장 뛰어난 음악가가 자신의 극을 음악으로 만든 것을 언젠가 들을 수 있으리라는 기대에 매우 기뻐했다. 그는 릴리 불랑제가 가장 고통받는 순간에도 차분함과 인내심을 보였다. "제게는 어디서 비롯되었는지 알 수 없는 믿음이 있습니다. 그 믿음을 함께 나누고 싶어요. 저는 느낍니다. 말렌 공주에게 목소리를 선사할 천재가 자신의 운명과도 같은 이 작품을 완성하기 전에는 떠날 수 없음을 제가 알고 있다고 말하고 싶어요." 그는 릴리가 사망하기 1년 전에 나디아에게 이렇게 썼다.

그러나… 악보는 발견되지 않았다. 아카이브에도 오페라 「말렌 공주」의 흔적은 없다. 그럼에도 이 작품은 꽤 진척되

---

⁺ 오케스트라 연주를 위해 작곡이나 편곡을 하는 일.

었던 것으로 보인다. 무슨 일이 벌어진 걸까? 누군가가 이 오페라를 없앴을까? 만약 그랬다면, 왜 그랬을까? 아니면 단순한 실수일까? 언젠가 도서관이나 다락방 깊숙한 곳에서 원고를 발굴할 수 있기를 바라도 될까? 릴리 불랑제의 전기를 쓴 제롬 스피켓 Jérôme Spycket은 보호자였던 큰언니가 악보를 파괴했다는 그럴듯한 가설을 포함해 몇 가지 가설을 제시한다. 어린 여동생의 재능을 확신한 나디아 불랑제는 그 작품이 너무 허술하다고, 천재가 할 수 있는 수준에 못 미친다고 판단했을 수 있다. 릴리가 죽은 후 후대에 완성할 수 있기를 바라는 사려 깊은 생각에서, 나디아가 악보를 파괴했을 수 있다. 그렇더라도 그녀를 원망하기는 어렵다. 릴리 불랑제의 작품과 그녀에 대한 기억이 보존된 것은 나디아의 헌신 덕분이기 때문이다.

# 전설의 여성 음악가들과 비극적 운명

등이 굽은 한 음악가가 머뭇거리는 걸음걸이로 완전한 침묵 속에서 무대에 오른다. 관객이 숨을 죽인다. 연주자는 악기까지 갈 수 있을까? 몸에서도 태도에서도 나약함이 확연히 드러난다. 음악가가 피아노 앞에 앉아 건반 위에 손을 올린다. '폭풍우'로 알려진 베토벤의 「피아노 소나타 17번」 첫 음을 듣는 순간, 의심이 사라진다. 검은 머리의 피아니스트가 정확하고도 에너지 넘치는 연주를 펼쳐 내자, 관객은 이제 걱정 때문이 아니라 음악을 더 잘 듣기 위해 숨을 죽인다. 그녀의 이름은 클라라 하스킬. 20세기의 가장 위대한 음악가 중 한 명이다.

그녀가 태어난 1895년에 음악에는 중요한 변화가 생겨났다. 낭만주의 시대가 지나가고, 재즈가 도래했으며, 무엇보다 리하르트 바그너Richard Wagner가 어디에나 존재했다. 바그너는 작곡뿐만 아니라 콘서트 공연 예술에도 새로운 규칙을 부과했다. 바그너 덕분에 음악 홀에서 청중은 침묵하게 되었다. 이 침묵은 1900년대 초에 일어난 혁명, 즉 사운드 레코딩의 발달 또한 가져왔다. 기술은 해가 갈수록 향상되었고, 기업가와 발명가는 만족감을 드러냈으며, 최초의 레코딩 기업이 탄생했다. 이제 음악은 더 이상 일시적인 예술이 되지 않을 것이다. 사람들은 콘서트를 녹음해 음악적 순간을 공유하고, 노랫소리와 침묵, 비브라토를 포착할 수 있다. 이 격변은 전설적인 연주자들의 세대를 탄생시키게 된다. 앞서 보았듯, 연주자와 가수는 스스로 이름을 알릴 수 있는 힘이 있었다. 이제 음악가의 연주가 영원불멸해졌다.

20세기의 솔리스트들을 선구자라고 말하는 것은 터무니없다. 클래식 음악사에서는 유럽 전역에서 찬사를 받은 거장들이 빛을 발하는 것을 목격할 수 있다. 클라라 슈만과 그녀의 러시아 순회 공연에서 그것을 확인한 바 있다. 시베리아까지 가서 스트라디바리우스⁺를 연주한, 19세기 전반의 매우 드문 첼리스트 중 한 명인 리즈 크리스티아니Lise Cristiani도 있고, 바이올린을 눈부시게 연주하는 이탈리아 자매 마리아 밀라놀로Maria Milanollo와 테레사 밀라놀로Teresa Milanollo도 있다. 하지만 그들의 재능은 기록으로만 증명된다. 반면 근대 이후 잘 알려진 음악가들은 오늘날에도 여

---

⁺ 바이올린, 첼로, 비올라 등의 현악기를 의미하며, 스트라디바리 가문, 특히 안토니오 스트라디바리가 제작한 악기들을 일컫는다.

전히 그 연주를 들을 수 있다. 세 사람의 이야기만 선택해야 한다면, 피아노의 클라라 하스킬, 첼로의 재클린 뒤프레이Jacqueline Du Pré, 바이올린의 지네트 느뵈를 택할 수 있을 것이다. 왜일까? 이 여성들은 모두 비극적인 운명을 겪으며 명성을 얻었고, 무엇보다 음악 애호가들 사이에서 만장일치의 찬사를 받았기 때문이다.

우리 귀가 훈련되어 있지 않다면 어떻게 천재를 알아볼 수 있을까? 각자의 귀를 믿어야 하고, 때로는 수많은 단서를 담고 있는 예술가들의 이야기에 빠져들기도 해야 한다. 예를 들어 루마니아 여성 클라라 하스킬은 다섯 살 때, 처음 들은 모차르트의 소나티네를 바로 피아노로 완벽하게 재현할 수 있었다. 뛰어나지만 애달픈 아이다. 매우 혹독한 어린 시절을 겪었다. 아주 어려서 아버지를 여의고, 일곱 살에 가족과 멀리 떨어진 빈으로 가서 삼촌의 보호 아래 피아노를 공부했다. 3년 후 파리음악원에 들어가지만 그녀의 연주를 심하게 비판한 알프레드 코르토Alfred Cortot에 의해 쫓겨난다. 하지만 릴리 불랑제의 숭배자이자 보호자 역할을 했던 가브리엘 포레의 눈에 띄어 그의 보호를 받게 된다. 그녀는 외로웠고, 척주측만증으로 혹독한 치료를 받았으며, 어머니를 암으로 잃었다.

나이가 들어가면서도 그녀의 경력은 뚜렷한 이유 없이 성장하지 않았다. 너무 겸손했던 탓일까? 클라라 하스킬은 한 동안 어두운 시기를 보낸다. 유대인이었기에 2차 대전 동안 마르세유에 숨어 있어야 했고, 1942년에는 시신경 종양 진단을 받고 긴급히 수술을 받아야 했다. 그녀의 명성 덕분에 한 신경외과 의사가 파리에서 몰래 와서 수술을 해 주었다. 국소 마취 상태에서 장시간 수술을 받은 뒤, 클라라 하스킬은 뇌에 이상이 없는지 확인하기 위해 '젊은 남자'로 알려진 모차르트의 「피아노 협주곡 9번」을 멍한 상태에서 연주해야 했다.

클라라 하스킬의 재능이 마침내 그 가치를 인정받게 된 것은, 2차 대전이 끝난 후였다. 그 후 10여 년 동안 명성도 얻고, 음반 녹음도 했으며, 찰리 채플린부터 피아니스트 디누 리파티Dinu Lipatti, 지휘자 헤르베르트 폰 카라얀Herbert von Karajan에 이르기까지 위대한 예술가들과 우정도 쌓았다. 클라라 하스킬은 베토벤, 모차르트, 슈만(불행히도 클라라 슈만이 아니라 로베르트 슈만이다)과 같은 위대한 거장들의 작품을 녹음했다. 비평계는 그녀의 대담한 연주에 경의를 표했다. 하스킬은 단지 음악을 연주하는 것이 아니라 그 작품들이 살아나게 한다고들 했다. 클라라 하스킬은 자신의 모든 영혼을 불어넣어 연주하는데, 누구도 이런 영감과 재능의 원천을 찾지 못했다.

1960년 클라라 하스킬의 건강이 다시 위험해졌다. 바이올리니스트 아르튀르 그뤼미오Arthur Grumiaux와의 협연을 위해 브뤼셀로 향하다 역 계단에서 넘어졌다. 추락은 치명타를 입혔다. 12월 7일 65세에 그녀는 세상을 떠났다.

지네트 느뵈와 재클린 듀프레이도, 클라라 하스킬보다 훨씬 어린 나이에 여행 중에 갑자기 쓰러졌다. 이 두 여성은 모두 천재다. 어떻게 그 사실을 알 수 있을까? 드문 재능을 확인하기에 귀로는 부족할 때, 눈을 활용할 수 있다. 듀프레이의 리허설이나 콘서트를 녹화한 비디오가 여럿 있다. 음이 울릴 때마다 얼굴이 환하게 밝아지는 모습, 손가락이 활 위에서 당황스러울 정도로 쉽게 미끄러지는 모습, 온몸으로 음악을 연주하고, 첼로를 연주하기 위해 가슴으로 꽉 잡고 있는 모습을 보며 경탄하기만 하면 된다. 그다음으로는 드물게 연주되었던 에드워드 엘가Edward Elgar의 「첼로 협주곡 Concerto pour violoncelle」을 녹음하며 폭발적으로 성장한 재클린 듀프레이의 경력에서 징후들을 발견할 수 있다. 20세에 그녀는, 대중에게 잘 알려져 있지 않았지만 애절하고 풍부한 기교로 연주해야 하는 이 작품을 녹음한다. 그 음반은 하나의 레퍼런스가 되었고 그 협주곡은 수십 년 동안 다른 누구도 감히 연주하려 하지 못할 정도로 재클린 듀프레이의 이름과 밀접하게 연결되었다.

재클린 듀프레이는 기회가 있을 때마다 찬사를 받고 부각되었다. 그녀의 분위기와 연주가 영원할 것으로 보이는 한 그 누구도 그녀에게 불만을 품지 않는다.. 그녀의 삶은 모든 각도에서 분석되고 언급되었다. 매번 좋은 이유로만은 아니었을 것이다. 재클린 듀프레이는 명성이 절정에 달했을 때, 피아니스트이자 지휘자인 다니엘 바렌보임Daniel Barenboim을 만난다. 첫눈에 반한 두 예술가는 1년 후에 결혼한다. 둘은 함께, 전 세계에서 가장 큰 홀들을 돌며 청중을 열광에 빠트렸다. 재클린 듀프레이가 엘가 또는 드보르자크의 첼로 협주곡을 열정적으로 연주할 때, 그에 감탄하는 지휘자의 시선은 탁월한 음악적 공모를 보여 준다.

그러나 26세에 다발성 경화증에 걸린 듀프레이는 몸이 풀리는 것을 느끼기 시작했다. 처음에는 천천히 그러다가 점점 더 빨리 손과 손가락의 모든 감각과 운동성을 잃어 갔다. 병이 그녀의 육체를 갉아먹었다. 듀프레이는 솔리스트를 그만두고 교육에 힘을 쏟았다. 해가 갈수록 허약해진 그녀는 1987년 42세의 나이로 런던에서 사망했다. 의심할 여지가 없는 전대미문의 재능으로 음악계를 발전시키고 사로잡는 데 몇 년이면 충분했지만, 그녀의 재능은 불치의 병으로 산산조각이 났다.

마지막으로 언급할 천재 여성 음악가는 이미지가 많이 남아 있지 않다. 바이올리니스트 지네트 느뵈가 연주하는 장면을 담은 유일한 비디오는 에르네스트 쇼송Ernest Chausson의 「바이올린과 관현악을 위한 시Poem for Violin and Orchestra」를 연주한 1946년 콘서트 영상으로, 매우 짧은 클립이다. 시대가 요구하는 대로 남성으로만 구성된 오케스트라 앞에서 지네트 느뵈는 지휘자를 내내 바라보며 위풍당당하게 연주한다.

지네트 느뵈는 1935년 바르샤바에서 개최된 제1회 헨리크 비에니아프스키 국제 바이올린 대회Concours international de violon Henryk Wieniawski에서 폭발적으로 성장한다. 지네트 느뵈가 160명의 참가자 중에서 1등을 한다. 15세에 이미 확고한 경력을 쌓은 27세의 다비트 오이스트라흐David Oistrakh 같은 바이올린 거물들과 경쟁한다. 지정곡과는 별도로 느뵈는 모리스 라벨Maurice Ravel의 「집시Tzigane」를 자유곡으로 선택한다. 매우 어렵고, 길들일 수 없는 작품이다. 모리스 라벨은 헝가리의 여성 바이올리니스트 옐리 다라니Jelly d'Aranyi의 열정적이며 기교가 뛰어난 연주를 듣고 난 후 이 곡을 작곡했다. 약 10분 내에 연주자는 고통스러울 정도로 강력하고 빠른 연주를 펼쳐야 한다. 한 치의 실수도 용납될 수 없음을 지네트 느뵈도 알고 있다. 그녀가 무대에 올라 바흐의 「샤콘느Chaconne」 등 지정곡들을 연주하며 심사 위원들에게 깊은 인상을 남긴다. 하지만 결국 심사 위원들을 설득한 것은 지네트 느뵈의 「집시」 연주였다. 무명의 여자아이가 다비트 오이스트라흐를 제치고 콩쿠르에서 1등을 차지한다. 지네트 느뵈는 유럽 전역에서 찬사를 받으며, 순회 공연에서 유럽의 훌륭한 오케스트라 여럿과 협연을 한다. 2차 대전이 터지자, 느뵈는 점령당한 국가에서는 무대에 서지 않겠다고 결심하고, 피아니스트인 오빠 장Jean과 함께 피아노와 바이올린 작품들만 연주한다.

1946년부터 순회공연과 녹음을 재개했다. 지네트 느뵈는 전설로 남을 연주들을 녹음했다. 라벨의 「집시」 외에도, 브람스의 바이올린 협주곡을 연주했고, 오빠의 피아노 연주에 맞춰 드뷔시의 소나타를 승화시키고, 시벨리우스Sibelius의 협주곡을 화려하게 연주했다. 전쟁이 끝날 무렵, 발터 쥐스킨트Walter Süsskind가 지휘한 필하모니 오케스트라와 함께 시벨리우스의 걸작을 녹음한다. 열정적인 연주와 헌신 그리고 흠잡을 데 없이 정확한 음정으로 미끄러지는 능력은 시벨리우스의 음악을 그 어느 때보다 빛나게 만들었다. 작품이 어렵고 까다로워서 혼신의 힘을 다한 연주가 요구될수록, 결과는 그만큼 더 성공적이었다. 지네트 느뵈는 자신의 삶을 걸고 연주한다. 하지만 운명은 너무나 일찍 이런 활력을 앗아 버렸다.

　1949년 10월 27일 지네트 느뵈는 미국행 비행기에 몸을 실었다. 20여 개 도시를 순회하는 공연이 그녀를 기다리고 있었다. 대서양 건너편에서는 또 다른 누군가도 기다리고 있었다. 바로 연인인 권투 선수 마르셀 세르당Marcel Cerdan을 만나려고 조바심을 내고 있는 가수 에디트 피아프Édith Piaf다. 세르당은 록히드 콘스틸레이션Lockheed Constellation 비행기에 탑승한 느뵈처럼 목적지에 도착하지 못했다. 이 비행기는 단 한 명의 생존자도 남기지 않은 채, 아소르스Açores 제도에 10월 27~28일 밤에 추락했다. 세르당의 죽음은 30세의 지네트 느뵈와 그의 오빠인 피아니스트의 죽음을 덮어버렸다. 그렇지만 느뵈는 에디트 피아프의 기억 속에 새겨져 있다. 피아프는 죽기 4년 전에 출간한 자서전『행운의 무도회Au bal de la chance』에서, "나는 위대한 지네트 느뵈의 연주를 듣기 위해 수천 킬로를 여행했을 것이다"라고 썼다.

　남아 있는 녹음이 충분하지 않아 지네트 느뵈의 이름도 지워지고 말았다. 2019년이 되어서야 비로소 그녀의 이름과 연주가 미디어를 통해 다시 빛을 보게 된다.

　20세기에는 이 세 연주자와 같은 천재 여성 음악가를 거부감 없이 받아들였지만, 특히 오케스트라 지휘자 같은 다른 직책이 여성에게 허용되기까지는 여전히 사고방식의 대전환이 필요했다.

# 지휘봉을 든
# 프랑스 여성들!

오케스트라를 지휘하기 위한 여성 개척자들의 싸움은 끝이 없는 게임이다. 역사를 거슬러 올라가 보면, 최초의 개척자들은 수녀원에서 미사와 기도에 음악으로 활기를 불어넣은 중세의 수녀들이다. 그리고 오페라 「검은 산」의 창작자인 오귀스타 올메나 영국의 에설 스미스Ethel Smyth(뒤에서 다시 언급할 것이다) 같은 소수의 19세기 여성 작곡가가 자신의 작품을 지휘했다. 20세기에는 이 경쟁에서 제인 에브라르Jane Evrard가 압도적인 승리를 거둔다. 에브라르는 오케스트라 지휘뿐만 아니라 프로그램을 기획하고, 잊힌 작품을 발굴하고, 창작 작품을 수용한 동시대의 레퍼토리를 구상하고, 일관성 있게 콘서트를 진행하려고 신경 쓰고, 음악가들을 모집하고 관리했기 때문이다. 콘서트 '주변에서' 일어나는 이 모든 작업은 여성 오케스트라 지휘자라는 직업에서 빼놓을 수 없는 부분이다.

오케스트라는 항상 지휘자가 필요했다. 그러나 이 역할은 오랫동안 작품의 작곡가나 오케스트라의 악기 연주자, 흔히 바이올린 연주자나 하프시코드 연주자에게 맡겨졌다. 때로는 작곡가 자신이 악기 뒤에서 몸을 단순하게 움직임으로써 리듬과 자극을 주었다. 또 어떤 때에는, 특히 바로크 시대에는 큰 막대기로 바닥을 두드려 템포를 제시했다. 작곡가 장바티스트 륄리(또 이 사람이군요!)가 그 대가를 치렀다. 콘서트 중에 막대기로 자신의 발을 세게 쳤는데 상처가 그의 생명을 앗아 갔다. 그는 며칠 후 괴저로 사망했다.

막대기가 가느다란 지휘봉으로 대체된 것은 이 비극적인 사건 때문은 아니다. 지휘자의 역할이 오케스트라의 확대와 더불어 변했다. 인원수가 많아질수록, 구석에 있는 연주자는 리더가 보내는 템포와 의도를 명확하게 보기가 그만큼 더 어려워진다. 따라서 낭만주의 시대에는 지휘자를 연단 위에 세웠다. 이 역할이 필수가 되면서 작곡가에게 맡겨지게 되었다. 구스타프 말러, 펠릭스 멘델스존, 루트비히 판 베토벤 역시 오케스트라 지휘자들이었다. 20세기에 들어와 작곡가는 뒷자리로 밀려난다. 지휘자들이 음악에 어떤 관점, 음악적 의도를 불어넣어 주리라 기대했기에, 작품을 이끄는 지휘자가 더 조명을 받게 되었다. 지휘자가 열 명이면 열 명 모두 같은 작품을 다르게 연주한다. 그러면 청중은 그 중 가장 아름다운 버전을 구분해 내고자 한다. 이 모든 연주를 이끄는 사람은, 오보에 연주자를 제외하면 바로 오케스트라 지휘자이다. 한 세기 전에 죽은 작곡가의 작품을 초월하게 되면 지휘자는 스타가 된다. 그렇게 헤르베르트 폰 카라얀, 아르투로 토스카니니Arturo Toscanini, 클라우디오 아바도Claudio Abbado의 위대한 시기가 열렸다.

한편 지휘봉을 전혀 사용하지 않은 한 여성이 있었으니, 바로 나디아 불랑제다. 화장도 장신구도 없이 검은 옷을 입은 수수한 그녀는 1912년 자신의 작품을 지휘한 콘서트에서 데뷔했다. 그런 다음 전쟁 중에, 특히 필라델피아, 뉴욕 또는 보스턴 오케스트라와 같은 미국의 대형 오케스트라와 함께 경력을 쌓았다. 때때로 안토니아 브리코Antonia Brico가 국제적 경력을 가진 최초의 여성 지휘자로 호명되지만, 나디아 불랑제가 이 미국 지휘자보다 거의 10년을 앞서 있다!

여성 지휘자들은 나디아 불랑제처럼 음악을 위해 자신을 드러내지 않고 일하는 사람과, 자기 역할의 매력적인 측면을 소화하는 제인 에브라르Jane Evrard처럼 스스로 빛을 발하면서 음악을 빛나게 하고 싶은 사람으로 나뉘는 것 같다. "내가 데뷔할 당시 언론에서 제기한 문제를 기억해요. 보면대에서 여성의 옷차림은 어때야 할까? 좀 더 남성적인 옷차림을 해야 할까요? 아니면 등이 넓게 파인 옷을 입어야 할까요? 제 경우에 질문은 곧바로 해결되었어요. 저는 남성적인 속성을 갖출 필요를 전혀 느끼지 못했어요, 그저 단순하게 여성성을 유지하려고 노력했어요."라고 회고록『나의 과거에 대한 시선Regards sur mon passé』에서 제인 에브라르가 말했다.

연단에 오르기 전에 제인 에브라르는 오케스트라 석에서 연주했다. 우리는 그녀를 1913년 5월 29일 만나게 되는데, 그날은 새로 개장한 샹젤리제극장에서 바츨라프 니진스키Vaslav Nijinski가 안무한 이고르 스트라빈스키Igor Stravinsky의 발레「봄의 제전Le Sacre du printemps」의 첫 공연이 있는 날이었다. 세르게이 디아길레프Serge Diaghilev 러시아 발레단은 커튼 뒤에 자리 잡는다. 연단 위에서 콧수염을 덥수룩하게 기른 피에르 몽퇴Pierre Monteux가 지휘봉을 든다. 바순 솔로가 침묵을 깨뜨린다. 바순 연주자로부터 몇 미터 떨어진 곳에 잔 풀레Jeanne Poulet와 그녀의 남편 가스통 풀레Gaston Poulet가 있는데, 이들은 지휘자의 요청을 받고 바이올린 연주자에 합류했다.

그날 에브라르는 클래식 음악의 대형 스캔들 하나를 목격했다. 첫 소절부터 청중은 동요하고 의문을 품고 언짢아했다. 댄서들이 움직이기 시작하고, 오케스트라가 첫 번째 춤의 불협화음 코드를 연주하자 홀이 폭발했다. 관객 일부는 소란스럽게 자리를 떠났고, 어떤 관객들은 무대를 향해 소

리쳤다. 디아길레프 극단은 당황한 나머지 오케스트라가 연
주하는 것을 듣지 못한 채 계속 공연을 이어 가려고 했다. 무
용수들의 구부러진 몸은 원시적이라고 인식되는 이 음악의
리듬에 맞춰 바닥을 쳤다. 지휘자는 혼란 속에서 그럭저럭
최선을 다해 계속 이어 갔다.

　그때 잔 풀레는 스무 살이었다. 파리음악원에서 만난 가
스통 풀레와 결혼한 지 얼마 되지 않았다. 그녀의 예술 경력
은 서서히 시작된다. 남편이 1914년에 창단한 사중주단에
서 제2 바이올리니스트를 대체하기 위해 그녀를 가끔 호출
했다. 그러나 그녀가 이름을 알린 것은 무엇보다도 작은 아
마추어 실내악 콘서트의 교사 겸 기획자로서 활동하면서다.
1920년대에 그녀는 영화에 뛰어들어 여러 영화에 참여하
는데, 그때 제인 에브라르라는 예명을 채택했다. 그렇게 그
녀의 직업적인 삶이 시작되지만, 개인의 삶은 산산조각 난
다. 두 아이를 낳고 얼마 후 부부는 이혼했다.

　이혼은 결혼 전 이름인 잔 슈발리에Jeanne Chevallier를 돌
려주고, 또 날개를 달아주었다. 음악 평론가 에밀 뷜리예
모즈Emile Vuillermoz의 지원을 받아서 그녀는 오케스트라 지
휘자로 경력을 시작했다. 학생 몇 명과 아마추어들을 모아
1930년 파리에서 첫 번째 콘서트를 기획했다. 포스터에 그
녀의 이름, 제인 에브라르가 크게 쓰여 있다. 영화에서 썼던

예명을 썼는데 결혼 시절과의 단절 그리고 상업적인 전략 때문이었다. 콘서트는 성공적이었다. 비평계가 열광했고, 에브라르는 몇 달 후 자신의 앙상블, 파리의 여성 오케스트라를 창설하기로 결심한다.

에브라르는 이 오케스트라 연주자를 모두 여성으로 구성하고자 했다. 하지만 곧바로 60~80명이 필요한 교향악단을 완전히 여성으로만 구성하기가 어렵다는 것을 깨달았다. 20세기 초에도 몇몇 플루트 연주자를 제외하고는 관악기를 연주하는 여성을 찾기가 여전히 힘들었고, 금관 악기와 타악기를 연주하는 여성을 찾는 것은 아예 불가능한 임무였다. 여성만으로 구성하면 바이올린, 비올라, 첼로, 콘트라베이스 등 현악 앙상블이 될 것이다(콘트라베이스 후보는 한 명뿐이다). 에브라르는 대학생 및 동료 스물다섯 명의 프로필을 선별했다. 그렇게 구성한 파리의 여성 현악 오케스트라는 곧바로 파리에서, 후에는 프랑스와 유럽의 음악계에서 하나의 준거가 되었다.

제인 에브라르는 강력한 충격을 주었다. 그녀는 100퍼센트 여성으로 구성된 앙상블로 대중을 사로잡았을 뿐 아니라, 완성도 높고 독창적인 레퍼토리를 제시했다. 오케스트라는 고전 작품뿐만 아니라(미셸 블라베Michel Blavet, 클로드 제르베즈Claude Gervaise, 장바티스트 륄리, 헨리 퍼셀Henry

Purcell, 장마리 르클레르Jean-Marie Leclair) 동시대 레퍼토리(다리우스 미오Darius Mihaud, 아르튀르 오네게르Arthur Honegger, 모리스 조베르Maurice Jaubert, 앙리 바로Henry Barraud, 장 리비에Jean Rivier, 모리스 라벨, 플로랑 슈미트Florent Schmitt 또는 알베르 루셀Albert Roussel)도 연주했다. 제인 에브라르는 프랑수아 쿠프랭François Couperin의「세 번째 르송 드 테네브르Troisième leçon de ténèbres」와 같이 잊힌 바로크 음악 몇 편을 되살리기까지 한다. "미지의 작품보다 더 나쁜 작품은 죽어 버린 작품이다. 죽은 것보다 더 나쁜 것은 잊힌 것이다. 이 망각에서, 이 죽음에서 그 작품을 구한 것은 제인 에브라르와 그녀의 파리 여성 오케스트라의 영광일 것이다"라고 『음악 잡지La Revue musicale』의 한 기자가 열광하며 말했다. 벨기에 작곡가 아르튀르 오에레Arthur Hoérée는 제인 에브라르에게 다음과 같은 말로 찬사를 보냈다. "음악을 사용하는 것과 음악에 봉사하는 것. 이 두 가지 태도는 서로 다른 두 가지 목적을 갖고 있다. 한편에는 정형화된 프로그램과 그럴듯한 작품들, 연이은 성공으로 이끄는 형식적인 공연의 '화려함'이 있다. 또 다른 한편에는 알려지지 않았거나 제대로 평가받지 못한 작품들을 통해 대중을 교육하고자 하는 욕망이 있는데, 이때는 개인의 성공에 연연하지 않고 완성도를 목표로 충실한 연주를 한다. 여성 오케스트라와 지휘자 제인 에브라르는, 프로그램의 질과 연주의 완성도 면에서 열정적으로, 고귀하게, 그리고 사심 없이 음악에 봉사한다. 바로 이것이 존경과 감탄을 불러일으킨다."

작곡가 알베르 루셀이 오케스트라를 위해「작은 교향곡Sinfonietta」를 작곡했는데, 초연 당시 에브라르의 여성 오케스트라가 전곡을 연주할 정도로 찬사를 받았다. 여성 오케스트라의 수장이 여성일 때, 우리는 여성 작곡가들의 작품이 더 많이 들어간 프로그램을 상상할 수 있다. 때때로 프로그램에는 스위스 하프시코드 연주자이자 피아니스트인 마르그리트 뢰스쟁샹피옹Marguerite Roesgen-Champion의 곡들과, 1932년 로마 그랑프리를 수상한 이본 데스포르트Yvonne Desportes의 곡들도 보인다. 그러나 이 오케스트라에 남성 연주자가 합류하는 일은 거의 없어 보인다. 이 앙상블은 유명 솔리스트들에게 참여를 요청했다. 우리는 바이올린의 지네트 느뵈, 하프시코드의 반다 란도프스카Wanda Landowska, 하프의 릴리 라스킨Lily Laskine 또는 여기 더해서 첼로의 준비에브 마르티네Geneviève Martinet를 보게 된다. 수준 높은 앙상블을 완성하는 꿈의 캐스팅이다.

연주자들의 옷차림과 여성 지휘자의 '아름답고 강력하면서도 유연한 팔'에 대한 논평을 넘어, 비평가들은 이 비범한 오케스트라의 사운드와 통일성, 완벽한 균형을 칭송한다.

지휘와 관련해서 제인 에브라르는 "절도 있고 우아했으며, 오케스트라와 연주하는 작품들을 완벽히 통제한다"라고 1933년 바르셀로나에서 열린 콘서트가 끝난 후 잡지『라 퓌블리시테La Publicité』에 한 스페인 기자가 썼다.

2차 대전으로 파리여성오케스트라의 존속이 위태로워졌다. 우선 제인 에브라르는 '젊은 프랑스Jeune Fracne'가 주도하는 사회 교육 프로젝트로 눈을 돌렸다. 1940년 12월부터 비시 정부가 어용화하고, 대독 협력 정책으로 신랄하게 비판받은 협회인 '젊은 프랑스'는 젊은이들에게 문화와 창작에 접근할 기회를 제안했다. 이에 파리여성오케스트라는, 제인 에브라르의 말에 따르면 "14세에서 20세 사이의 젊은이들이 음악을 이해하고 사랑할 수 있도록" 청소년 센터에서 연주하게 된다. 이 활동은 특히 여성 대중을 대상으로 했는데, 대학생이든 직업이 없든 상관없었다. 벨빌Bellevilles, 베르사유Versailles, 젠느빌리에Gennevilliers에 이르기까지 제인 에브라르의 오케스트라는 이런 교육 센터에서 50회 가까이 콘서트를 열며 노동 계급 내에서 새로운 청중을 찾았다. "기나긴 하루의 노동으로 피곤해진 이들은 음악을 들으러 가기가 쉽지 않다. 그래서 매일 일하는 곳으로 음악이 그들을 찾아가야 한다"라고 에브라르는 말했다. 전쟁은 계속되었다. 음악 활동은 그럭저럭 유지되고 있었지만, 남성 오케스트라의 단원 수는 점점 줄어들었다. 이 공석을 채우기에 제인 에브라르의 연주자들보다 더 좋은 자원이 있을까? 마침내 여성 음악가들은 남자들 사이에서 연주하기 시작했다. 하지만 그러면서 자신들이 처음에 조직한 여성 오케스트라를 포기하게 된다. 1942년 파리여성오케스트라는 마지막 콘서트를 개최했다.

전쟁은 오케스트라 내부의 남녀 비율을 재설정했지만, 음악계는 여성 지휘자를 받아들이기까지 (많은) 시간이 걸렸다. 망각 현상은(여성 작곡자들도 마찬가지로 잊혔다. 뒤에서 이를 다룬다) 최초의 여성 지휘자들을 지워 버렸다. 오늘날 연단에 오른 모든 여성 지휘자는 경력을 시작할 때 개척자가 된 것처럼 느끼지만 항상 환영받는 것은 아니다. 2013년 러시아 지휘자 바실리 페트렌코Vasily Petrenko는 "남자가 오케스트라를 지휘할 때 더 잘 반응한다" 특히 "여성이 지휘대 위에 있으면 연주자들의 주의가 산만해지기 때문이다"라고 말했다. 1년 후 또 다른 지휘자 요르마 파눌라Jorma Panula는 다음과 같이 단언했다. "여성 지휘자들이 적절한 작품을 선택한다면, 여성적인 작품을 선택한다면 문제가 되지 않는다. 브루크너Brunckner나 스트라빈스키는 어울리지 않지만, 드뷔시라면 왜 안 되겠는가? 그것은 순전히 생물학적 문제일 뿐이다." 라트비아 지휘자인 마리스 얀손스Mariss Jansons에게 여성 지휘자들은 '그의 취향'이 아니다. 얀손스는 2017년 어떤 인터뷰에서, 자신은 "반대하지 않는다"면서도 "나는 다른 세계에서 자랐다"라고 말했다. 남자들의 세계에서 자란 것이다.

지휘가 아니라 싸움을 하느라 너무 지친 여성 지휘자 일부는 파리여성오케스트라가 창단된 지 거의 한 세기가 지난 후에, 자신들 고유의 오케스트라를 창단하기로 했다. 프랑스에서는 2011년 클레르 지보Claire Gibault의 파리모차르트오케스트라Paris Mozart Orchestre, 2012년 로랑스 에킬베Laurence Equilbey의 인술라오케스트라Insula Orchestre가 창단된다. 클레르 지보가 제안한 젊은 여성 지휘자를 위한 '라 마에스트라La Maestra' 콩쿠르와 같은 여러 가지 시도를 해보려고 하지만, 프랑스에서는 여전히 여성 지휘자의 수를 손에 꼽는다. 2020년 12월 데버라 월드먼은 아비뇽프로방스Avignon-Provence국립오케스트라 단장으로 임명되었다. 프랑스국립오케스트라의 음악 감독이 된 최초의 여성이다. '라 마에스트라' 콩쿠르에서 선발된 베네수엘라의 글라스 마르카노Glass Marcano가 앙상블 '르발콩Le Balcon'과 '상트르발드루아르 지역심포니오케스트라l'Orchestre symphonique Région Centre-Val de Loire'를 지휘하며, 프랑스에서 공연한 최초의 흑인 오케스트라 지휘자가 되었다.

여전히 여성이 책임 있는 위치에 도달하기 위해, 기관의 책임자가 되기 위해, 무대에서 공연하거나 단순히 무대에서 소개되기 위해 고군분투한다면, 인종 차별을 받는 여성은 갈 길이 훨씬 더 멀다. 오늘날에도 여전히 차별에 대한 비난은 종종 대부분 미국 흑인 여가수라는 예외적인 존재에게 집중된다.

# 흑인 여가수들의 머나먼 길

2021년 2월, 파리오페라의 신임 단장 알렉산더 네프 Alexander Neef는 "논란이 아주 많은 관행인 '블랙 페이스'와 정형화된 배역 분장을 모든 작품에서 종식"한다고 발표했다. 이 결정은 오페라에 널리 퍼진 현상, 즉 흑인이건 아시아인이건 아랍인이건 간에 특정 캐릭터를 연기하기 위한 남녀 배우들의 분장에 종지부를 찍었다. '블랙 페이스'라는 단어는 19세기에 사람들을 웃기려고 얼굴을 검게 칠해 흑인으로 분장했던 인종 차별적 관행을 뜻한다. 이 단어는 특히 미국과 관련 있지만, 분장에 의한 인종 차별적 캐리커처는 사실상 유럽의 무대 혹은 영화에도 퍼져 있다. 베르디의 동명 오페라에 등장하는 무어인 장군 '오셀로Othello'나 푸치니의 작품에 등장하는 일본인 여주인공 '나비 부인', 베르디의 또 다른 오페라에 등장하는 에티오피아 노예 '아이다'처럼, 오페라 작품의 등장인물은 터무니없이 '이국적'이다. "왜 그런 캐릭터와 닮은 배우들을 캐스팅하지 않습니까?"라는 질문에, 캐스팅은 피부색에 따라 하지 않는다거나 혹은 아주 간단히(더 실용적으로) 그런 예술가가 없거나 혹은 충분하지 않다는 대답이 종종 나온다. 흑인 여성 가수들과 그보다는 적지만 흑인 남성 가수들이 거의 2세기 동안 특히 미국에서 오페라 무대를 빛내고 있다는 점을 고려할 때, 우리는 이런 현상을 걱정해야 한다.

지금까지 음악 속 여성의 이야기는 주로 유럽 국가들 내의 이야기였다. 우리는 미국을 경유함으로써 거기에서 19세기 클래식 음악 무대의 성장을 관찰할 수 있을 것이고, 하나의 역설을 확인할 수 있을 것이다. 그 역설이란 미국이 폭력적인 인종 차별이 만연하는 나라면서 동시에 오페라 무대에 강한 충격을 준 대다수 흑인 여가수가 있는 나라라는 점이다.

여성 선구자인 엘리자베스 그린필드Elizabeth Greenfield는 1810년대에 미시시피에서 노예로 태어나 성장한다(정확한 출생일은 알려지지 않았다). 1820년대 초에 그녀의 여주인이 이혼하고, 노예들을 필라델피아로 데려가서 노예를 해방시킨다. 그린필드는 그곳에서 음악을 배우는데, 처음에는 독학으로, 그다음에는 이웃에 사는 미스 프라이스Miss Price의 강의를 들었다. 학습은 비밀리에 이루어졌다. 그녀를

해방시킨 뒤에도 여전히 함께 살고 있는 홀리데이 그린필
드Holliday Greenfield 부인은 침묵의 예배를 장려하는 퀘이커
교도이기 때문이었다. 그러던 어느 날, 미스 프라이스가 자
신의 집에서 작은 콘서트를 연다. 엘리자베스의 노래를 들
은 그린필드 부인은 엘리자베스에게 용기를 북돋아 주기로
결심하고는 그녀의 음악 수업 비용을 대주고, 개인 콘서트
를 열어 주고, 유산 일부를 물려주었다. 그 부인을 기리기 위
해 엘리자베스는 그린필드라는 성을 사용하기로 결심한다.

그린필드 부인이 사망한 지 6년 후인 1851년, 엘리자베
스는 뉴욕 서부의 버펄로에서 데뷔했다. 백인 청중 앞에서
벨리니, 도니제티, 헨델의 곡으로 고전적인 레퍼토리를 불
렀다. 언론은 그녀에게 '블랙 스완(검은 백조)'이라는 별명
을 붙여 주었다. 엘리자베스는 놀라운 힘으로 매우 낮은 저
음에서 매우 높은 고음으로 3옥타브를 넘나들었다. 위대한
라이벌인 제니 린드Jenny Lind보다 훨씬 더 높은 음까지 낼 수
있었다. '스웨덴의 나이팅게일'이라 불린 린드는 유럽의 모
든 무대에서 박수갈채를 받고 1850년대에 미국에 가서 93
번의 공연을 했다. 엘리자베스 그린필드는 린드에게서 영감
을 받았을까? 그녀는 자신의 리사이틀에 제니 린드의 히트
곡 몇 곡을 추가했다. 그리고 노예 폐지론자이자 페미니스
트 작가인 해리엇 비처 스토Harriet Beecher Stowe의 지원을 받

아 유럽 순회공연을 기획한다. 그린필드는 버킹엄 궁전에서 리사이틀을 해 달라는 빅토리아 여왕의 초청을 받을 정도로 인지도가 높았다.

그러나 이러한 성공 뒤에서 예술가로서의 삶은 인종 차별과 맞닥트리게 된다. 유럽 순회공연 바로 전에, 엘리자베스 그린필드는 4000명을 수용할 수 있는 뉴욕 메트로폴리탄 오케스트라극장 홀에서 노래했다. 하지만 객석에서 사람들은 "이 공연장은 적절한 장소가 없기 때문에 유색 인종은 입장이 불가합니다"라고 쓰인 언론 광고를 보았다. 객석은 물론 심지어 무대 위에도 유색 인종은 없었다. 방화 위협을 받은 후라 콘서트의 안전을 강화하기 위해 경찰이 차출되었기 때문이다. 흑인 대중 앞에서 노래 부를 수 없었던 그녀는 그들에게 사과하고 약속했다. 흑인 고아원과 양로원을 위해 공연을 하면서, 흑인 예술가들이 오페라에 출연하는 것을 돕기 위해 '블랙스완오페라극단Black Swan Opera Troupe'을 창단했다. 여러 해 동안 콘서트도 열고 강의도 한 뒤, 엘리자베스 그린필드는 1876년에 세상을 떠났다.

사망한 지 거의 반세기가 지난 후에도, 그녀의 이름은 여전히 언론에 오르내렸다. 1921년 『더 크라이시스The Crisis』의 한 기사가 그것을 증명한다. "'블랙 스완'은 종종 제니 린드와 비교되었는데, 만약 그녀가 흑인이 아니었다면 살아 있는 동안에 큰 어려움 없이 가장 위대한 여가수 중 한 명이 되었을 것이다.'' 같은 해, 이 여가수를 기념하여 '블랙스완 레코드Black Swan Record' 음반 회사가 설립되었다. 흑인 대중을 대상으로 하는 이 음반사는 아프리카계 미국인 공동체 사람들이 관리하고 자금을 조달한다.

엘리자베스 그린필드가 죽을 무렵은 미국에서 흑인에 대한 조치가 강화되는 시기와 맞물린다. 남북 전쟁(1861~1865) 이후 통과된 미국 헌법이 여러 차례 개정되면서 흑인에게 투표권과 시민권이 부여되었지만, 남부에서는 1877년부터 백인과 흑인을 엄격하게 구분하는, 이른바 '짐 크로Jim Crow' 법을 채택했다. '분리 평등separate but equal' 원칙이 확대되었다. 흑인과 백인은 같은 교통수단을 이용하지 못했고 병원, 레스토랑, 술집, 화장실, 콘서트홀도 같이 이용할 수 없었다.

인종 차별은 감히 오페라를 공연하려 하는 소수 흑인 여성 가수들의 경력을 가로막았다. 그럼에도 불구하고 19세기 말에는, 1878년 백악관에서 노래한 최초의 흑인 여성 소프라노 마리 셀리카 윌리엄스Marie Selika Williams나, 호주 가수 넬리 멜바Nellie Melba의 이름를 따서 브론즈 멜바Bronze Melba라는 별명으로 불린 마미 플라워Mamie Flower처럼 이름을 알린 흑인 가수도 있었다. 같은 세대에 '유색인 제니 린드Jenny Lind de couleur'라고 불린 플로라 배트슨Flora Batson, 클래식 음악의 성지인 뉴욕 카네기홀 무대를 밟은 최초의 흑인 여성 시시에레타 존스Sissieretta Jones도 있다. 존스는 또 다른 백인 여가수 애들리나 파티Adelina Patti(19세기의 저명한 프랑스-이탈리아 성악가)의 이름을 따서 '블랙 파티Black Patti'라고도 불렸다. 가수의 피부색을 강조하는 별명의 체계화는 백인 가수와 흑인 가수 사이의 단절을 공고히 했다. 흑인은 백인의 반영으로서만 존재할 수 있기 때문이다.

그러나 1939년 4월 9일, 역사적 사건이 인종 차별적인 법들을 뒤흔들었다. 당시 콘트랄토 가수 매리언 앤더슨Marian Anderson은 42세였다. 20년 전 그녀는 피부색 때문에 필라델피아음악학교의 입학을 거부당했다. 여러 공쿠르에서 우승하고 유망한 경력을 쌓아 온 그녀는 또 한 번 배척당한다. 워싱턴의 '컨스티튜션홀Constitution Hall'에서 열릴 그녀의 콘서트가, 연례 대회를 위해 홀을 만든 조직인 '미국 혁명의 딸들'에 의해 취소되었다. 애국심이 투철한 이 조직의 회원이려면 미국 독립에 참여한 사람들과 직접적인 혈통 관계가 있어야 했다. 그들의 신조는? '하느님, 가정, 조국.' 결과적으로 애국자인 동시에 인종 차별주의자들이었다. '미국 혁명의 딸들'은 흑인 여성이 그들의 홀에서 노래하는 것을 거부했다.

　그러나 매리언 앤더슨은 귀한 지지를 받았다. 미국 영부
인 엘리너 루스벨트Eleanor Roosevelt 역시 '미국 혁명의 딸들'
에 소속되어 있었는데, 그녀는 조직에서 사임하고는 앤더슨
에게 링컨기념관의 야외 앞마당에서 노래해 달라고 요청했
다. 이는 홀에서, 심지어 제법 크다는 홀에서 열리는 콘서트
와는 차원이 다르다. 매리언 앤더슨은 7만 5000명 관중 앞
에서 리사이틀을 열었다. 내무부 장관은 다음과 같이 말했
다. "천재성에는 피부색이 없다." 가수는 마이크 10여 개 앞
으로 나아갔다. 눈을 감고 애국가 「아메리카America」의 첫
소절을 깊고 중후한 목소리로 불렀다. 콘서트는 1시간 30분
동안 진행되었는데, 슈베르트의 「아베 마리아」, 도니제티의
「라 파보리타La Favorita」의 오페라 아리아 「나의 사랑 페르난
도O mio Fernando」를 비롯해 「복음 기차The Gospel Train」, 「방랑
자Trampin」 같은 흑인 영가도 몇 곡 선보였다. 마침내 백인과
흑인이 한데 모여서 음악에는 피부색이 없어야 한다는 것
을 미국과 전 세계에 보여 주기 위해 온 가수를 환호하며 맞
아들였다. 24년 후에는 같은 장소에서 한 남성의 목소리가
엄청난 군중으로부터 오랫동안 환호를 받았다. 마틴 루서
킹Martin Luther King은 1963년 링컨기념관 앞에서 그 유명한
「나에게는 꿈이 있습니다」를 연설했다.

그날, 매리언 앤더슨의 노래가 마틴 루서 킹을 인도했
을 것이다. 그녀는 킹 목사에게 영감의 원천이었으며, 그녀
의 목소리는 그의 어린 시절을 흔들었다. 마틴 루서 킹 목사
가 무대에 오르기 전에 미국 국가를 부른 사람은 카밀라 윌
리엄스Camilla Williams다. 그녀의 목소리는 매리언 앤더슨보
다 더 고음이었지만, 뜨겁고 강렬했다. 이 소프라노는 뉴욕
의 오페라 하우스와 계약을 맺은 최초의 미국 흑인 여성이
다. 오페라계가 마침내 서서히 흑인 여가수들에게 그 문을
열게 되었다. 먼저 메트로폴리탄오페라는 1955년 매리언
앤더슨에게 주세페 베르디의 「가면 무도회」의 조연인 울리
카Ulrica를 맡겼다. 그 후 유럽에서는 1955년 밀라노의 스칼
라극장La Scala이 위대한 지휘자 헤르베르트 폰 카라얀의 요
청으로, 로시니의 「알제리의 이탈리아 여인L'Italienne à Alger」
에서 엘비라Elvira 역에 아프리카계 미국인 가수 매티윌다 돕
스Mattiwilda Dobbs를 캐스팅했다. 카르멘, 디도, 비너스, 미미
등의 역도 맡겨졌다. 시나브로 흑인 여성 가수들은 주인공
을 비롯해 오페라의 위대한 배역들을 제안받게 되었고, 몇
몇은 스타가 되었다.

흑인 여성 가수들의 이름을 모두 열거할 방법은 없다. 국제
적인 프리마돈나들도 있고 눈에 덜 띄는 가수들도 있다. 우

열을 가리다 보면 이 여성들이 서로 경쟁자이며 일부만 판테온에 들어가고 나머지는 잊혀야 한다는 생각을 강화한다. 그러니 경력보다는 목소리에 대해 이야기해 보자. 우선 2019년에 사망한 제시 노먼Jessye Norman이 있다. 고음역 중 가장 낮은 그녀의 드라마틱한 소프라노 음색은 강력하고 깊고 감동적인데, 특히 헨리 퍼셀의 오페라 「디도와 아이네이아스Didon et Énée」에서 디도의 애가, 「내가 대지에 묻힐 때When I Am Laid in Earth」를 노래할 때 더욱 그러하다. 속삭이듯 절제된 선율을 노래하다 오케스트라가 카르타고 여왕의 죽음을 연주하기 전에 "나를 기억해 주오, 그러나 아! 내 운명을 잊어 주오" 하고 고통스럽게 폭발하며 끝난다. 제시 노먼은 어린 시절 레온타인 프라이스Leontyne Price 또는 매리언 앤더슨 같은 가수가 자신의 모델이었다고 인터뷰에서 종종 회상했다. 사망하기 몇 년 전인 2014년 제시 노먼은 『타임스』와의 인터뷰에서 "세상의 인종 장벽은 사라지지 않았다"라고 강조했다. 그리고 쓸쓸하지만 현실적인 결론을 내렸다. "그런데 어떻게 클래식과 오페라의 세계에서 인종 장벽이 사라지겠는가?"

또 다른 아프리카계 미국 여가수가 이번엔 베를리오즈의 오페라에서 디도 역할을 훌륭하게 해냈다. 1973년 뉴욕에

서 메트로폴리탄오페라 관객들은 독일 가수 크리스타 루트
비히Christa Ludwig가 카르타고 여왕 역을 맡은 「트로이 사람
들Troyens」의 상연을 초조하게 기다리고 있었다. 문제는 루
트비히의 참석이 확실치 않아 보인다는 것이었다. 긴급히
메조소프라노를 찾아야 했다! 무대 뒤에서는 젊은 셜리 베
렛Shirley Verrett이 카산드라라는 캐릭터를 리허설하고 있었
다. 사람들이 셜리를 찾아가 카산드라와 디도 두 역할을 모
두 해 달라는 불가능한 요구를 했다. 셜리 베렛은 이를 받아
들였고, 이 엄청난 일을 해내며 명성을 떨쳤다. 그녀는 탁월
한 음색으로 전설로 남았다. 당혹스러울 정도로 쉽고 능숙
하게 속도를 내고, 고음을 유지하고, 경쾌함에서 극적으로
전환한다. 속도를 높이고, 음을 유지하고, 가벼운 것에서 극
적인 것으로 전환하는 엄청난 민첩성을 통해 베르디의 오페
라에서 맥베스 부인 같은 큰 역할을 담당했다. 맥베스 부인
은 불멸의 마리아 칼라스가 구현해서 유명해진 캐릭터여서
셜리 베렛은 '블랙 칼라스'라는 별명을 얻게 된다(한 세기가
흐른 뒤에도 사람들은 나쁜 습관을 버리지 못했다). 무대 위
에서 그녀의 연기도 감탄을 자아냈다. 그녀는 드라마를 완
벽하게 해 주는 다양한 표현력으로 노래하는 장면들에 생기
를 불어 넣었다.

　연기는 조금 부족하지만 완전히 압도적이었던 레온타인

프라이스는 소수의 디바에게만 주어지는 열광을 불러일으켰다. 대규모 오케스트라의 연주에도 묻히지 않는 리릭-스핀토 소프라노로서 그녀의 목소리는 전 세계를 누볐다. 특히 아이다 역할을 하면서 유명세를 얻는데, 아이다는 엄청난 인내를 요구하는 까다로운 역할이다. 그녀가 우울한 아리아 「오 나의 조국O patria Mia」으로 고국에 작별을 고할 때, 순수한 고음과 완벽한 저음 그리고 마치 목에서 나오는 음 하나하나에 꿀이 섞인 듯한 벨벳 같은 음색에 주목해야 한다.

더 가볍지만, 가장 까다로운 비엔나 대중을 매료시킨 캐슬린 배틀Kathleen Battle의 목소리는 헤르베르트 폰 카라얀의 눈에 띄었다. 이 슈퍼스타 지휘자는 1987년 캐슬린 배틀에게 빈의 전통적인 새해맞이 콘서트에 합류해 달라고 제안했다. 폰 카라얀은 처음으로 이 연례 행사의 단상에 올랐는데, 여기에 더해 이런 대규모 클래식 음악 행사에 여성 가수가 초대받은 것도 처음 있는 일이었다. 10여 분 만에 캐슬린 배틀의 목소리는 요한 슈트라우스 2세Johann Strauss Jr.의 왈츠에 실려 경쾌함과 트릴, 기교가 빛을 발했다. 청중은 매혹적인 순간에 열광적인 박수를 보냈다.

지금까지 언급한 여성은 모두 미국 여성이다. 유럽의 흑인 오페라 가수는 어디에 있는가? 20세기에 프랑스에서 알려진 유일한 흑인 여성 가수는 크리스티안 에다피에르Christiane Eda-Pierre다. 마르티니크의 포르드프랑스Fort-de-France에서 태어난 이 소프라노는 당대의 가장 위대한 가수에 합당한 경력을 맛보았다. 그녀는 가장 까다로운 오페라의 배역을 포함하여 바로크 레퍼토리에서 현대 음악에 이르는 모든 노래를 부를 수 있었다. 2020년 에다피에르의 사망 소식이 알려졌을 때, 프랑스 대중은 자국에 국제적으로 화려한 경력을 갖춘 놀라운 재능의 흑인 여성 가수가 있었다는 사실에 당혹스러워하며, 그의 삶에 경의와 찬사를 쏟아 냈다. 에다피에르는 1985년 가장 좋아하는 작곡가 중 한 명인 모차르트의 「티투스 황제의 자비La Clémence de Titus」를 마지막으로 공연하고 무대를 떠났다. 그 뒤에는 가르치면서 음악을 계속 이어 갔다. 스콜라 칸토룸Schola Cantorum과 파리음악원의 교수였던 그녀는 1997년까지 강의를 하다가 완전히 은퇴하고는 죽을 때까지 조용히 지냈다. 그녀는 앞에서 언급한 여성들과 함께 2021년 클래식 음악의 승리Victoires de la musique classique에서 오페라 신인 가수 상을 수상한 마리로르 가르니에Marie-Laure Garnier 또는 악셀 파뇨Axell Fanyo 같은 젊은 흑인 가수들의 모델이 되었다. 소프라노인 파뇨는 프랑스 혁명 200주년에 바스티유 앞에서 프랑스 국가인 「라 마르세예즈」를 노래한 제시 노먼Jessye Norman의 영상을 보았다며 이렇게 말했다. "제시 노먼, 바로 그녀 덕분에 나는 나 자신에게 이렇게 말할 수 있었다. 흑인 여성인 나, 악셀 파뇨는 오페라에서 노래할 수 있다."

영국에서는 피아니스트 이사타 카네메이슨Isata Kanneh-Mason과 같은 흑인 연주자들이 등장하기 시작했다. 카네메이슨은 2019년 클라라 슈만의 작품들을 탁월하게 녹음한 후에, 조지 거슈윈George Gershwin, 미국의 작곡가 에이미 비치Amy Beach, 새뮤얼 바버Samuel Barber 혹은 아프리카계 미국 작곡가 새뮤얼 콜리지테일러Samuel Coleridge-Taylor의 곡을 연주했다. 평범하지 않은 이러한 선택은 수백 년 동안 백인 남성 음악가들이 연주해 온 음악보다 훨씬 더 광범위한 레퍼토리를 만들며 클래식 음악의 지평을 열었다.

## 선곡 목록 5

릴리 불랑제, 「자비로운 예수여 Pie Jesu」

나디아 불랑제, 「첼로와 피아노를 위한 세 작품 Trois pièces pour violoncelle et piano

클라라 하스킬이 연주한 루트비히 판 베토벤의 「피아노 소나타 17번 Sonate pour piano n° 17」

재클린 뒤프레이가 연주한 에드워드 엘가의 「첼로를 위한 콘서트 Concerto pour violoncelle」

지네트 느뵈가 공연한 모리스 라벨의 「집시」

이고르 스트라빈스키, 「봄의 제전 Le Sacre du Printemps」

프랑수아 쿠프랭, 「세 번째 르송 드 테네브르 Troisième leçon de ténèbres」(제인 에브라드가 재발견한 작품)

제시 노먼이 공연한, 헨리 퍼셀의 오페라 「디도와 아이네이아스」에서 발췌한 「내가 대지에 묻혔을 때」

크리스티안 에다피에르가 공연한 엑토르 베를리오즈의 「부인이 탄식을 하는군요 / 평화로운 밤 Vous soupirez, Madame / Nuit paisible」

이사타 카네메이슨이 공연한 새뮤얼 콜리지 테일러의 「깊은 강 Deep River」

플로렌스 프라이스(아프리카계 미국 여성 작곡가, 1887~1953)의 「교향곡 1번 Symphonie n° 1」

# 6

# 20세기의
# 손실

마침내 '남성들처럼' 음악가가 될 수 있다고 믿었던 여성들에게 주어진 희망은 20세기 후반에 와서 급격히 줄어들었다. 음악계는 작곡과 미학의 규칙에 있어 매우 확고한 경향이 지배하는 이른바 현대로 접어든다. 그러한 규칙을 따를 것인가, 홀로 나아갈 것인가라는 문제가 있는데, 남성에게도 어려운 여정이고, 여성에게는 거의 불가능한 임무다. 악보 건너편에서, 남성들로 다시 구성된 오케스트라는 여성들에게 자신들의 자리를 내주어야 한다는 생각에 이를 갈고 있다. 그래서 1950년대부터 여성은 존재하기 위해서, 또 새로운 여성 개척자들이 등장할 수 있도록 하기 위해 다시 투쟁해야만 했다.

# 여성 음악가들이
# 오케스트라를 정복하다

"빈으로 향하는 여성 음악가들. 마침내 오스트리아 필하모닉 오케스트라가 남녀 혼성을 이루다." 1997년 2월 28일 『리베라시옹』지는 전쟁에서 승리했을 때나 사용할 법한 용어로 역사적 뉴스를 알렸다. "어제 음악계에 남아 있는 남성들의 보루가 무너졌다. 빈 필하모닉 오케스트라 단원 150여 명이 총회에서 자신들의 자리에 여성을 맞이하는 것에 동의했다."

이 전투에서 승리한 사람은 그 누구보다도 하프 연주자 안나 렐크스Anna Lelkes였다. 이 오케스트라와 함께한 지 20년이 넘었지만 프로그램에 언급되지도 않았고, 텔레비전 방송 화면에 나타나지도 않았던(기술자들은 그녀의 손만 촬영하라는 지시를 받았다) 이 여성 음악가는 정식 오케스트라 연주자들에게 주어지는 별칭인 '비너 필하모닉Wiener Philharmoniker(빈 필하모닉 관현악단원)'이 되었다. 이 빈 오케스트라는 여성을 배제한 가장 극단적인 사례를 보여 준다. 여성에게 개방하기 1년 전, 이 오케스트라의 플루트 연주자가 한 인터뷰에서 다음과 같이 선언했다. "우리가 음악을 연주하는 방식은 단지 능숙함과 기술의 문제만은 아니다. 그것은 또한 영혼과 관련된 문제이기도 하다. 영혼은 이곳 중부 유럽의 문화적 뿌리와 분리되어서는 안 된다. 또한 젠더와 분리되어서도 안 된다."

이 남성 음악가가 우회해서 기껏 말한 것은, 오케스트라는 남성들을 위한, 특히 백인 남성들을 위한 장으로 남아 있어야 한다는 것이다. 이런 끼리끼리 문화를 비록 공개적으로는 더 이상 주장하지 않더라도, 사라지게 하는 데는 시간이 걸린다. 오늘날 세계에서 남성보다 여성이 많다고 자랑할 수 있는 오케스트라는 거의 없다. 2018년에 프랑스에서 진행된 연구에 따르면, 30여 개의 오케스트라를 분석한 결과 여성 음악가의 비율은 36퍼센트로 추정된다. 미국에서는 1970년대부터 블라인드 오디션이 도입된 이후 아주 의미 있는 변화가 관찰되었다. 오디션에서 심사 위원단이 누가 연주하는지를 알지 못하도록 칸막이가 설치되었다. 미국에서 가장 명망 있는 다섯 개 오케스트라에서 여성 음악가 비율은 그로부터 20년이 지난 1990년대에 6퍼센트에서 21퍼센트로 높아졌다. 프랑스에서도 칸막이가 사용되지만, 심사 위원단이 후보자가 무대에서 연주하는 모습을 평가할 수

있도록, 대게 두 번째 라운드나 최소한 마지막 오디션에서
는 칸막이를 치운다.

어쩌다 이 지경이 되었나? 음악계는 지난 세기 초에 완전
히 여성으로만 이루어진 오케스트라가 있었다는 사실을
잊은 것일까? 200년 전 유럽의 여러 궁정에 여성 음악가들
이 존재했다는 사실을 잊은 것일까? 여성 작곡가들을 주로
연구한 음악학자 플로랑스 로네에 따르면 19세기 말에 음
악원마다 여성들이 몰려드는 장면이 누군가에게는 짜증을
유발하기도 했다. 이런 경쟁은 학업이 끝난 후에 오케스트
라에서 자리 잡지 못할까 봐 걱정하는 남성들을 불안하게
했다. 1904년에 파리음악원의 고등교육위원회와 합의하
여, 각 현악기 수업은 정원 열두 명 중 여성은 최대 네 명만
수용할 수 있다는 장관 결정이 통과되었다. 이에 대한 대응
으로 1898년 여성 참정권을 주장하던 잔 오도드플루Jeanne
Oddo-Deflou가 설립한 '프랑스 페미니스트 연구 그룹'은 공공
교육 및 예술부 장관에게 다음과 같은 편지를 보냈다. "우리
는 예술 관련 예산에 투입되는 세금을 납부한다. 우리는 여
성 납세자 수를 제한하는 것에 대해 전혀 생각해 보지 않았
다. 우리는 납세자 명부에 남성만큼 많은 자리를 차지하고
있기 때문에, 음악원 수업에서도 그만큼의 자리를 차지해야
한다."

'음유 시인'이라는 뜻의 『르 메네스트렐Le Ménestrel』에 실린, 저널리스트이자 평론가인 아르튀르 푸쟁Arthur Pougin의 반응은 확고했다. 그는 "여성은 똑같은 육체적 활력을 획득할 수 없을 것이다" "소리의 힘은 항상 충분하지 않다"라고 주장했는데, 이런 생리학적 이유는 약한 성과 강한 성의 대립이라는 신화에 근거했다.

우리는 이런 논거들을 10여 년 후에 다시 보게 된다. 1914년, 저널리스트 마틸드 도브레스Mathilde Daubresse는 저서 『현대 사회의 음악가Le Musicien dans la société moderne』를 출판했다. 제목에는 드러나 있지 않지만 이 책에는 여성 음악가의 경력에 대한 연구가 포함되어 있다. 이 책의 한 장章에서 저자는 음악계의 영향력 있는 남자들에게 오케스트라에서 여성의 존재에 대해 질문했다. 모두가 여성이 남성만큼 훌륭한 연주자가 될 수 있는 예술적 재능이 있다고 확인해 주는데(휴우), 몇몇은 이 직업이 여성에게 너무 힘들다고 평가했다. 작곡가이자 지휘자인 폴 비달Paul Vidal은 하프 운반을 예로 들며 "현실적이지 못할 것이다"라고 주장했다. 그러면서 그 직업은 이미 남성들에게도 "매우 힘든" 일인데, "여성들이 그 일을 어떻게 견뎌 낼 것인가?"라고 덧붙였다. 오페라 감독 앙드레 메사제André Messager는 "너무 엄청난 노력을 요구해서, 아무리 용기를 낸다 해도 여성의 인내를 넘어선다"라며 한술 더 떴다.

이 두 사람은 자신들의 소속 기관인 파리오페라극장의 음악가라는 직업을 기준으로 제시했다. 콘서트와 공연이 매일 저녁 자정 무렵까지 열린다. 그런데 "공연에서 예술가는 근육을 쓰고, 머리로는 신경을 써야 하는데, 남성보다 더 섬세하고 덜 강인한 여성의 육체는 이를 원활하게 제공할 수 없다. 이건 명백한 사실이다."라며 앙드레 메사제가 덧붙였다. 그들에 따르면 여성 음악가들은 주말 낮에 연주하는 유명한 파리 오케스트라들(콜론Colonne, 파들루Pasdeloup, 라무뢰Lamoureux 또는 파리음악원 관현악단Concerts du Conservatoire)과 같은 콘서트 단체의 대열에 합류하는 것은 쉽지만, 파리오페라극장이나 도시의 주요 극장에서 저녁 콘서트를 담당하는 것은 미친 짓이다. 기자와 인터뷰한 작곡가 뱅상 댕디Vincent d'Indy만이 진보의 편에 서서, 어떤 오케스트라에서든 여성도 온전한 자리를 차지해야 하며, 여성도 남성과 동일한 급여를 받아야 한다고 평가했다.

그러니까 이런 토론이 세기 초에 활발해진 것으로 보인다. 여성은 싸우는 것 외에는 다른 선택지가 없었다. 몇몇 여성은 앞서 보았듯 이 문제를 우회하여 자신들 고유의 오케스트라를 창단했다. 프랑스에서는 제인 에브라르의 '파리여성오케스트라'가 창단되었다. 다른 국가들에서는 여성 전용 교육 기관이 생겨났다. 영국은 1922년 영국여성심 포니오케스트라를 설립하는데, 이 오케스트라는 바이올리 니스트이자 지휘자인 그레이스 버로스Grace Burrows가 창단 하고 지휘했다. 미국에는 보스턴여성심포니Boston Women's Symphony, 시카고여성심포니오케스트라Woman's Symphony Orchestra of Chicago, 그레이레이디스오케스트라Grey Ladies' Orchestra, 그로브너레이디스퀸텟the Grosvenor Ladies' Quintette 및 1932년 뉴욕에서 벨기에 태생의 바이올리니스트이자 지휘자인 프레데리크 페트리드Frédérique Petrides가 창단한 실 내악단 오케스트렛클래식Orchestrette Classique 등 여럿 있다.

독일에서는 클라라 슈만의 제자인 메리 부름Mary Wurm이 1898년 여성으로만 구성된 최초의 전문 오케스트라를 창 단했다. 캐나다의 경우 에설 스타크Ethel Stark가 몬트리올여 성심포니를 창설하고, 1940년 최초의 콘서트를 열었다. 이 오케스트라들은 두 차례의 대전 동안 거의 모두 사라져 버 렸다. 여성 음악가들이 남성 오케스트라의 대열을 채우기 위해 차출되었기 때문이다.

클래식 음악계에서 입지를 다지기 위한 이 싸움에서, 또 다른 여성들은 직접 나서서 20세기의 새로운 개척자가 되 기를 선택했다. 처음에는 바이올린 연주자와 하프 연주자 만이 오케스트라에 들어가길 희망할 수 있었다. 릴리 라스킨Lily Laskine의 경우가 이에 해당한다. 그녀는 13세에 하프로 파리음악원의 1등 상을 차지하고, 1909년 파리오페라오케스트라에 합류했다. 이 명망 있는 조직의 첫 여성 연주자인 라스킨은 20년 동안 정규직 보충 단원으로 활동했다. 1934년이 되어서야 마침내 새로이 창단된 프랑스국립오케스트라의 수석 하피스트가 되었다.

대서양 건너편에서 여성 개척자들은 하프나 바이올린이 아닌 다른 악기에서 한발 앞서 있었다. 엘런 스톤Ellen Stone이 1937년 피츠버그오케스트라에 입단한 최초의 호른 연주자가 되었고, 오린 오브라이언Orin O'Brien은 1966년에 뉴욕필하모닉오케스트라의 콘트라베이스의 보면대 앞에 섰다. 유럽에서 베를린필하모닉오케스트라는 1982년이 되어서야 바이올리니스트 마들렌 카루조Madeleine Carruzzo를 받아들였다. 그녀가 들어온 지 2년 후, 분란이 생긴다. 음악 감독인 헤르베르트 폰 카라얀은 여성 클라리넷 연주자 자비네 마이어Sabine Meyer가 관악부에 수석 연주자로 합류하기를 바란다. 1980년대에만 해도 플루트, 오보에, 바순, 클라리넷을 연주하는 여성 연주자가 오케스트라에서 희귀했다. 오케스트라 단원 대부분이 자비네 마이어의 합류를 반대한 것이 문제였다. 단원들이 예술적 결정을 포함해 대부분의 주요 결정을 내리는 것은 베를린필하모닉의 전통이었다. 이는 여성 혐오였을까, 아니면 권위적인 음악 감독에 대한 항의였을까? 의견은 다양했지만, 마이어는 겨우 1년을 버티다가, 완전히 지쳐 사임하고는 독주자로 화려한 경력을 시작했다.

이런 갈등은 한두 번 일어난 것이 아니다. 애비 코넌트Abbie Conant의 황당무계한 이야기가 이를 증명한다. 그녀는 한마디로 이렇게 표현했다. "뮌헨에서의 경험을 돌이켜 보면, 내가 그 기관의 공격에서 살아남았다는 사실이 때때로 믿기 어려울 정도입니다. 기자님은 제 경험을 전투로 묘사했죠. 물론 전투이긴 했지만, 공격과 대립이 소란스럽게, 나아가 무분별하게 이어진 것만은 아니었어요. 저는 광활한 바다 한가운데 있는 빙산 위에 혼자 있다는 느낌을 많이 받았습니다." 1980년 뮌헨필하모닉오케스트라의 트롬본 연주자 채용 콩쿠르에서 미국의 여성 트롬본 연주자가 1위를 차지했다. 모든 오디션은 칸막이 뒤에서 진행되었다. 수상 후 그녀는 베일을 벗고, 정식 단원이 되기 위해 수습으로 1년을 보냈다. 규정된 수습 기간이 끝났을 때, 음악 감독 세르주 첼리비다케Sergiu Celibidache가 그녀의 임용에 반대했다. 지휘자는 지지했지만 오케스트라는 반대했던 사비네 마이어와 달리, 동료들은 애비 코넌트를 지지했다. 그러나 음악 감독의 명령에 대해 아무것도 할 수 없었다. 그녀는 오케스트라에 제2 트롬본 주자로 합류하라는 제안을 받았다. 강등은 모욕적이었다. 그 이유를 설명하는 대신 첼리비다케는 트롬본 수석 자리는 남성의 것이라고 설명했다. 애비 코넌트는 물러서지 않고, 관리 부서에 해명을 요구했다. 결국 밝혀진 해명은 그녀의 폐활량이 부족할 수 있다는 것이었다. 애비 코넌트는 포기하지 않고, 임상 시험을 통해 솔로 트롬본 연주자가 될 수 있는 능력을 한 번 더 증명했다. 대치 상태는 13년 동안 지속되었다. 이 기나긴 전투는 애비 코넌트의 승리로 끝나, 그녀는 마침내 오케스트라 정식 단원이 되었다. 이후 또 다른 명성 있는 오케스트라로부터 트럼본 수석으로 입단 제의를 받은 그녀는 마침내 어렵게 얻은 뮌헨의 자리를 박차고 나왔다. 애비 코넌트는 힘겨운 싸움을 통해 오케스트라에서 여성의 역사에 한 획을 그었다.

오늘날 이런 유의 일화는 시대에 뒤떨어진 것처럼 보인다. 그러나 이런 불평등은 수십 년 만에 사라지지 않는다. 이 전통적이고 체계화된 조직에서 수 세기에 걸쳐 존재해 온 성차별적인 편견과 남성 우위는 단번에 일소될 수 없다. 수석 연주자, 금관 악기 및 타악기 파트는 여전히 남성이 대부분을 차지하고 있다. 그리고 일부 지휘자는 터무니없고, 점점 더 사실이 아닌데도 불구하고 여전히 서슴없이 "안녕하세요, 신사분들"이란 말로 오케스트라를 향해 인사한다.

오케스트라는 여성 음악가를 수용할 수 있도록 분장실을 개조했으며, 무대 의상은 남녀 모두 편안하게 느낄 수 있도록 새로 디자인되었다. 그러나 오케스트라가 평등을 달성하고, 우리 사회를 제대로 반영하려면 더 시간이 걸릴 것이다.

# 쇠퇴해 가는
# 여성 창작물

며칠째 감옥에 갇혀 있는 영국의 여성 참정권 운동가는 친구인 지휘자 토머스 비첨Thomas Beecham 경의 방문을 기다리고 있다. 그런데 친구의 이름에 걸맞은 환영을 해 준다면 어떨까? 몇 분 만에, 이 운동가는 함께 갇힌 활동가 열 명에게 투쟁가인 「여성의 행진La Marche des femmes」을 부르자고 설득한다. 조용한 감옥에서 노랫소리가 서서히 높아졌다.

외쳐라, 당신의 노래를 크게 외쳐라,
새벽이 가까우니 바람과 함께 고함쳐라
행진하라, 앞으로 나아가라,
우리의 깃발을 흔들어라, 희망이 깨어난다.
이 노래, 노래가 전하는 메시지, 찬란한 꿈,
그것들의 부름을 보라, 이는 즐거움의 상징이다!

작은 의자 위에 서서 즉흥 콘서트를 시작한 여성은 박자를 맞추기 위해 칫솔을 들고서 당당하게 음악을 지휘한다. 노래가 반복될수록 여성 참정권 운동가 합창단은 이 군가풍 노래에 모든 것을 쏟아부었다. 여성들은 이제 이 투쟁가를 완벽히 익혔다. 힘든 순간에도 즐거운 순간에도 이 노래는 2년 전부터 그들의 싸움을 지탱해 주고 있었다. 이 노래를 만든 사람은 누구일까? 1912년 그날, 런던 홀러웨이교도소에서 여성 죄수 합창단을 지휘한 사람은 영국의 작곡가 에설 스미스였다.

징역 2개월의 선고를 받았을 때, 스미스는 54세였다. 그녀는 영국 페미니스트 운동의 표적 중 하나인, '룰루'라 불리는 하코트Harcourt 식민부 장관의 유리창을 깼다는 이유로 체포되었다. 이 정치가는 여성들이 자신의 부인만큼 지적이고 현명한 경우에만 여성의 참정권을 인정하겠다고 선언했다. 에설 스미스는 항상 삶을 음악에 바치고 싶어 했다. 그러나 작곡가로 살아남기 위해 싸우느라, 자신의 작품이 연주될 수 있도록 전략을 짜느라, 자신의 음악에 대한 부당한 비판을 받느라 30년을 보낸 후, 작가이자 페미니스트 저널리스트이자 여성 참정권 운동가인 시슬리 해밀턴Cicely Hamilton이 가사를 쓴 「여성의 행진」과 다른 두 곡을 남기며 여성 참정권 운동에 몸과 마음을 바쳤다. 여성 투사들을 지지하는 노래인 「뒤처진 새벽Laggard Dawn」과, 합창단과 오케스트라를 위한 「1910」이 바로 그 작품이다.

에설 스미스는 모국인 영국과 클래식 음악 전반에 인상적인 작품들을 남겼다. 총 일곱 편의 오페라를 남겼는데, 그중 「숲Der Wald」은 뉴욕 메트로폴리탄오페라극장에서 상연된, 여성이 작곡한 최초의 오페라다. 그녀는 또한 바이올린과 호른을 위한 협주곡인 「미사 D 장조Messe en ré」와 바이올린 소나타를 비롯한 수많은 실내악 작품을 작곡했다. 차이콥스키는 에설 스미스의 바이올린 소나타를 듣고, 이 작곡가의 화려한 경력을 예견한다. 그의 예견이 옳았다. 에설 스미스는 자신의 작품을 가장 듣기 꺼리는 사람들도 설득하는 데 성공해 영국 클래식 음악의 최고 대열에 들어섰고, 1922년 '대영제국의 레이디 에설 스미스'로 명명되었다. 이 명예로운 칭호를 받았을 때, 스미스는 10년째 난청과 싸우는 중이었다. 청력 없이도 작곡을 계속한 베토벤과 달리, 스미스는 글쓰기로 도피한다. 그녀는 책을 10여 권 출간하는데, 거기에는 음악계에서 여성으로로서 해야 했던 고군분투를 담기도 했다. "예술에 종사하는 여성에 대한 영국인들의 태도는 우스꽝스럽고 심지어 미개하기까지 하다. 예술에는 성이 존재하지 않는다. 중요한 것은 바이올린을 연주하거나, 그림을 그리거나 혹은 작곡을 하는 방식뿐이다."

20세기 초, 유럽에는 페미니스트 운동이 크게 확산되었다. 여성 참정권 운동가들은 평등한 권리를 요구했고, 여성 노동자들도 남성과 동일한 임금을 요구하며 파업을 벌였다. 음악에서 이러한 요구는 앞에서 살펴보았던, 로마 그랑프리를 수상한 릴리 불랑제, 최초의 여성 지휘자들, 최고의 무대에서 찬사를 받은 수석 연주자들 그리고 음악원 수업을 채우는 여성 작곡가들 등으로 그 진전이 표출된다.

이런 올바른 변화들은 마침내 여성이 음악에서 자기 자리를 찾고, 더 이상 성性으로 평가되지 않을 세기가 올 수 있으리라는 기대를 품게 한다. 그런 시나리오가 실현되었다면, 100년 후인 지금 이 책은 의미가 없을 것이다. 어쨌든 시몬 드 보부아르Simone de Beauvoir는 그 사실을 정확하게 일깨워 준다. "여성의 권리를 문제 삼기 위해서는 정치적, 경제적 혹은 종교적 위기가 발생해야만 한다. 여성의 권리는 결코 획득된 적이 없다." 그리고 지난 세기의 가장 큰 위기가 1939년에서 1945년 사이에 닥쳤다. 여성들은 1차 대전 때 전투하러 떠난 남성들을 대체했음에도, 그 이후의 갈등이 여성 해방의 동력에 타격을 입혔다. 여성들은 공장과 들판 혹은 오케스트라를 떠나서, 집으로 되돌아가 남편을 보살피고, 아이를 낳아 국가의 인구를 늘려야 했다. 다시 말해 아내와 엄마라는 본질적인 지위로 다시 돌아가야 했다. 1940년대 말부터 여성 작곡가는 사라져 갔고, 몇몇 예외가 있기는 했지만 여성들은 무대 전면에서 멀어졌다. 음악계 전체가 동시대 음악의 새로운 흐름인 음렬 음악sérialisme, 12음 기법dodécaphonisme, 유연성 음악musique aléatoire, 미니멀리즘minimalisme, 스펙트럼 음악musique spectrale 등으로 향하고 있었기 때문이다. 이 다소 야만적인 명칭 뒤에는, 수 세기 동안 확립한 작곡 규칙과 단절하려는 의도가 숨어 있다. 회화에서의 추상 예술을 본떠서 2차 대전 이후 작곡된 음악들은 화음을 깨고, 음, 악기, 악보 및 음향의 사용을 완전히 재고하고자 했다.

미학은 아주 세분화되어 있다. 사고방식도 마찬가지다. 과거의 음악(바로크, 클래식, 낭만주의, 인상주의)과 어떤 형태로든 관련 있는 음악은 전부 경멸을 받았다. 새로운 흐름 중 하나에 속해야만 자신의 음악을 듣게 할 수 있고, 독자적으로 앞서 나갈 수 있다. 그런데 이런 새로운 음악 장르의 선두 주자는 누구인가? 20세기 후반 음악계를 만들어 낸 피에르 불레즈Pierre Boulez 같은 권위 있는 작곡가들이다. 여성이 이러한 사고방식에서 배제되었다고 명시적으로 언급된 것은 없지만, 여성 대부분은 이런 천재적인 전위 예술가들의 보조 역할을 하는 데에 그쳤다.

그런데 빠르게 확장되는 미디어인 라디오 같은 간접적인 통로에서 여성들을 볼 수 있다. '라디오 프랑스Raido France'

의 전신인 '프랑스 라디오-텔레비전 방송La Radiodiffusion-télévision française, RTF'은 내부에 오케스트라를 창단해서, 남녀 작곡가에게 거대한 연주 장소를 제공했다. 일부 프로그램에는 배경 음악이 필요했고, 또 다른 프로그램에서는 라디오를 위해 특별히 작곡된 오페라를 제공했다. 라이브로 녹음한 콘서트 및 엘자 바렌Elsa Barraine, 이본 데스포르트 또는 클로드 아리외Claude Arrieu 같은 여성 작곡가들이 주문을 받아 작곡한 수많은 음악도 잊지 말아야 한다. 이 삼인방은 1920년대에 파리음악원에서 클래식 음악의 히트작인 「마법사의 견습생L'Apprenti sorcier」을 작곡한 폴 뒤카Paul Dukas가 가르친 클래스에 함께 있었다. 이들 중 두 명이 로마 그랑프리를 수상하는데, 엘자 바렌은 1929년 19세의 나이로, 이본 데스포르트는 그보다 3년 후에 수상한다.

　잠시 멈추어 조숙한 엘자 바렌의 낭만적인 삶에 대해 생각해 보자. 음악이라는 천국의 문으로 가는 비결을 획득한 후, 그녀는 릴리 불랑제의 발자취를 따라 빌라 메디치에 머무른다. 프랑스로 돌아온 후, 그녀는 오케스트라(이 경우 국립 오케스트라)와 함께 리허설을 하기 전에 피아노로 성악(합창단과 독창자)을 반주하는 직업인 라디오 성악 코치로 자리 잡았다. 그녀는 시간이 있을 때, 다시 말해 자정에서 새벽 2시 사이에 작곡을 했다. 1938년에도 그랬는데, 그때 자

신의 두 번째 심포니를 완성했다. "이 작품은 전쟁이기에
「보이나Voïna」라고 이름 지었어요('보이나'는 러시아어로
전쟁을 의미한다). 1938년에는 전쟁이 임박해 있음을 바보
가 아니라면 다들 잘 알고 있으니까요." 2년 후 그녀는 라디
오 방송국에서, 동료인 클로드 아리외처럼 유대인 출신이라
는 이유로 자리를 잃게 된다.

전쟁 중에 엘자 바렌은 레지스탕스 조직에 참여하게 되
고, '프랑스음악가민족전선le Front national des musiciens français'
을 공동으로 창립한다. 이 조직은 그녀가 활기를 불어넣어
활동이 활발했던 상호 부조 조직으로, 파리에서 독일인들
이 조직한 많은 콘서트에 음악계가 협력하지 못하도록 설득
하는 일을 했다. 엘자 바렌은 공산당에도 가입한 것으로 알
려져 있는데, 1940년대 말경 탈퇴한다. 그녀의 가장 큰 투쟁
은 음악계에서 '대독 협력자'를 청산하는 것이었다. 1941년
작곡가 루이스 사귀에Louis Saguer에게 보낸 편지에서 그녀의
활기와 분노를 감지할 수 있다. "다른 음악가들은 더러운 놈
들이야. 그들은 이미 자신들의 이득만 챙기는 어리석은 프
로젝트에 착수했어. 들라누아Delannoy, 바로H. Barraud, 오리
크Auric 같은 녀석들은 완전히 히틀러주의자야. 다른 사람들
은 어디에서도 연주할 수 없는 음악을 작곡하느라 수렁에
빠져 있고! 절망적인 음악 활동이야. 예전처럼 협회에서는

늘 베토벤과 바그너만 연주해. 음악을 진정으로 아름답게 표현하는 것은 없어. 아무것도 없어. 꼴불견이지!"

전쟁이 끝나기 얼마 전, 그녀는 국립 오케스트라에 음향 엔지니어로 돌아와 라디오뿐만 아니라 영화나 연극을 위해 많은 곡을 작곡했다. 그녀의 이름은 프랑스 국경을 넘어서게 되어, 그녀의 작품은 영국에서도 연주되었고, 현대 음악 페스티벌에도 편성되었다. 하지만 작곡가로서 그녀의 활동은 생계를 꾸려 나가기에는 충분하지 않았다. 그래서 그녀는 파리음악원에 피아노 초견 연주 수업 교사로 합류했고 나중에 음악 분석 교수인 올리비에 메시앙Olivier Messiaen의 자리를 물려받았다. 그녀의 삶은 이야기로 만들어져야 마땅하다. 그때까지는 프랑스 여성 작곡가의 역사를 다루는 논문에서 엘자 바렌을 주요하게 다루고, 그녀의 첫 번째 전기를 완성한 마리에트 톰Mariette Thom의 귀중한 작업에 우선 만족하자.

같은 스승을 둔 여성 작곡가 세 명에게서 미학적 공통점을 찾을 수 있을까? 자유로운 형식이 그 여성들을 하나로 묶을지도 모른다. 그 여성들은 현대 음악의 거대한 흐름(약간 과격한)으로부터 해방되어 있음에도 불구하고, 새로움을 계속 주시하면서 자신만의 길을 따라가고 있기 때문이다. 이런 식으로 음악계와 거리를 두게 된 것은 그들의 전문적이고 개인적인 여정으로 설명할 수 있다. 엘자 바렌은 정치에 깊이 참여했다는 이유로 적을 많이 만들게 되어, 환영받지 못하는 곳이 많았다. 세 여성의 작품 모두 확실히 현대적이지만, 그 당시 가장 혁신적이었던 작품들과는 대조적으로 멜로디는 유지하고 있다. 클로드 아리외는 구체 음악 musique concrète⁺에 다가가려 해 보았지만, 결국 거기에서 커다란 흥미를 못 느끼고 홀로 자신만의 음악 언어를 창조하고자 했다.

구체 음악은 전쟁 후 피에르 세페르Pierre Schaeffer가 새로운 음악을 발명한 프랑스 라디오-텔레비전 방송 테스트 스튜디오에서 탄생한다. 작곡한 후 연주되는 다른 작품과 달리, 구체 음악은 사람들의 소리와 소음을 녹음하고 그것을 수정하고 중첩하여 콜라주처럼 만들어진다. 한 젊은 여성 작곡가가 곧바로 여기에 합류했다. 그녀의 이름은 엘리안 라디그Eliane Radigue다. 이러한 음악 접근 방식에 매료된 그녀는, 전자음향음악의 아버지로 여겨지는 피에르 앙리Pierre Henry를 만나기 전까지 피에르 세페르의 조수로 몇 년 동안 일을 한다. 거인들의 그늘 속에서 그녀는 일꾼이자 조수의 역할만 수행했다. 하지만 많은 것을 배운 뒤에는 그들의 영

⁺ 구체 음악, 구상 음악 또는 뮤직 콩크레트는 초기 전자음향음악의 한 분류로, 1948년 프랑스의 방송국 기사인 피에르 세페르가 이름을 짓고 시도했다.

향에서 벗어나, 자기 집에서 고유의 소재로, 오늘날 가장 노련한 디제이들도 다루기 힘들어하는 수많은 버튼을 갖춘 기계들을 만들어 냈다. 거의 명상에 가까운 그녀의 음악은 매우 긴 트랙에 걸쳐 있는데, 그중 가장 짧은 것은 15분, 가장 긴 것은 한 시간 이상이다. 그녀의 작업과 함께 시간은 멈추거나 반대로 무한대로 뻗어, 음표나 소리의 변화를 거의 감지할 수 없게 된다.

전자 음악은 오케스트라, 지휘자, 홀 등을 설득할 필요가 없으며 집에서 작곡할 수 있다. 20세기 한복판에서 전자 음악에 수많은 여성 작곡가가 매료되었다. 전자 음악은 여성이 클래식 음악에서 만나는 장벽들을 걷어 내기 때문이다. 영국, 프랑스, 미국이나 독일에 여성 전자 음악가가 상당히 많은데, 이들은 때로는 개척자들로 첨단 기술 전문가들이다. 그리고 탁월하다. 미국의 다프네 오람Daphne Oram, 로리 스피겔Laurie Spiegel, 수잰 치아니Suzanne Ciani, 영국의 델리아 더비셔Delia Derbyshire, 독일계 미국인 요한나 막달레나 바이어Johanna Magdalena Beyer, 덴마크의 엘스 마리 파드Else Marie Pade, 미국의 폴린 올리버로스Pauline Oliveros, 앨리스 실즈Alice Schields, 루스 화이트Ruth White, 비비 배런Bebe Barron, 웬디 카를로스Wendy Carlos 등. 이들의 이름은 최근 리사 로브너Lisa Rovner의 다큐멘터리 「트랜지스터를 가진 자매들Sisters with

Transistors」에서 부각되었다. 이 다큐멘터리에서는, 역사적으로 창의성과 창작물을 무시당했던 모든 여성을 전자 음악의 중심에 다시 세웠다. 그간 전자 음악의 개척자로 신성화된 사람들은 많은 남성들이었다. 그러나 구체 음악이나 전자 음악의 흐름이 시작되기 몇 년 전인 1938년, 요한나 막달레나 바이어가 작곡한「구체 음악Music of the Spheres」은 전자 도구만을 사용하고 있다. 같은 해 프로코피예프Prokofiev의 발레「로미오와 줄리엣」이 처음으로 상연되었다. 위대한 클래식 오케스트라가 연주하는 이 오페라와, SF 영화같이 소리가 끊이지 않는 아방가르드 음악 사이의 간극을 상상해야 한다.

요한나 막달레나 바이어는, 그녀의 음악을 듣고 열렬한 옹호자가 된 존 케이지John Cage의 노력에도 불구하고, 잊혔다. 놀라운 일은 아니다. 아르놀트 쇤베르크Arnold Schönberg의 제자인 존 케이지는 나중에 실험 음악에 착수하게 된다. 그는「4분 33초」의 작곡가인데, 이 작품에서는 연주자가 4분 33초 동안 아무것도 연주하지 않는다. 존 케이지는 침묵의 중요성을, 또는 오히려 우리를 둘러싸고 있는 소음의 중요성을 보여 주고자 한다. 이런 생각은 스티브 라이히Steve Reich, 라 몬테 영La Monte Young, 테리 라일리Terry Riley, 필립 글래스Philip Glass, 존 애덤스John Adams와 같은 여러 미국 작곡가가 수행하는 미니멀리즘 또는 반복주의 같은 새로운 경향을 부상하게 된다. 이런 경향의 기원에는, 음악의 계속되는 흐름 속에서 분위기와 소리를 교차하게 하는 불안과 같이 끈질기게 반복되는 모티브들이 있다. 이런 모든 경향을 거친 현대 음악은 클래식 음악과 같은 길을 가고 있다. 즉 여성이 참여하나, 규칙은 남성이 만든다.

여기에 현대 음악은 당시 시작된 모든 음악 스타일(록, 팝, 랩, RnB 등)과의 치열한 경쟁에 직면해 있다는 점을 덧붙여 보자. 현대 음악은 인기가 많지 않고 연주도 많이 되지 않아서, 여성 작곡가들이 이름을 알리기가 더욱 어렵다. 이 새로운 음악에서 여성들은 다시 제로에서 시작해야만 한다. 여전히 여성들이 얻은 것은 아무것도 없기에. 그러나 작품을 인정받은 몇몇 예외적인 여성 작곡가는 여성이 직면한 어려움을 감춰 버린다. 다들 프랑스계 미국인 벳시 졸라스Betsy Jolas, 때때로 미니멀리즘 음악과 관계를 맺지만 그런 음악 용어에 반박하는 메러디스 멍크Meredith Monk, 음악 분야에서 프랑스왕립예술아카데미Académie des Beaux-Arts 회원으로 선정된 최초의 여성인 에디트 카나 드 쉬지Édith Canat de Chizy, 혹은 2016년 뉴욕 메트로폴리탄오페라에서 공연한 오페라「먼 곳의 사랑L'Amour de loin」의 작곡가인 카이야 사리아호Kaija Saariaho 등을 떠올린다. 「먼 곳의 사랑」은 메트로폴리탄오페라극장에서 공연된 여성의 두 번째 오페라 작품으로, 에설 스미스의 「숲」 이후 113년 만이다.

# 누가 여성들을
# 음악사에서 지워 버렸는가?

홀의 관객은 그 순간의 중요성을 깨닫지 못한 것 같다. 2019
년 6월 6일 브장송Besançon에서의 일이다. 지휘자 데버라 윌
드먼이 집중하며 초조하게 빅토르위고 프랑슈콩테오케스
트라Orchestre Victor Hugo Franche-Comté 앞에 서 있다. 몇 초가
지나면 이전에 들어 본 적 없는 음악이 들릴 것이다. 여성 지
휘자의 손이, 마치 기도하듯 합장하기 위해 올라간다. 그녀
의 시선이 오케스트라를 휩쓸고 그녀가 눈썹을 찌푸리자
「교향곡 C♯단조Symphonie en ut dièse mineur」의 첫 낮은 음이
홀 안에 울려 퍼진다. 이 교향곡은 샤를로트 소이라는 여성
이 작곡했다.

데버라 윌드먼은 폴린 소믈레Pauline Sommelet와 함께 쓴 책
『잊힌 교향곡La Symphonie oubliée』에서 샤를로트 소이와의 만
남을, 아니 그보다는 1955년 사망한 샤를로트 소이의 음악
을 지지하는 첫 번째 후원자이자 그의 손자인 프랑수와앙
리 라베François-Henri Labey와의 만남을 이야기했다. 이 만남

은 우연의 결과가 아니라 헌신의 결과다. 손자와 악보, 오케스트라 여성 지휘자 사이에는 클레르 보댕Claire Bodin이라는 여성이 있다. '여성의 존재Présences féminine'라는 축제 창설자이자 연출자인 보댕은 여성의 작품들을 연주하기 위해 10여 년 전부터 투쟁하고 있다. 긍정적인 차별로, 여성만을 조명한다고 여겨질 수도 있음에도 그녀가 기획한 프로그램은 21세기 음악에서 여성 작곡가들이 한자리를 차지할 것이라는 신념을 바탕으로, 예술가와 음악 애호가를 한곳으로 모은다. 더 높은 가치를 얻기 위해 이 투쟁을 선택한 모든 이의 에너지와 의지 덕에 결코 들어 본적 없는 이름과 작품이 매년 넘쳐 난다. 샤를로트 소이의 재능과 확고한 명성 그리고 남편의 지지에도 불구하고, 살아생전 공연할 수 없었던 그녀의 교향곡이 바로 이 축제를 통해 연주되었다.

　남녀 작곡가의 작품을 구별할 의도가 전혀 없었던 여성 지휘자는 "이토록 아름다운 작품들이 어떻게 잊힐 수 있었을까?"라는 질문을 할 수밖에 없었다. 우리는 샤를로트 소이를 비롯해 이름조차 기억하지 못하는 많은 천재 여성 음악가들을 중요시하지 않았다. 그런데 이것이 우리의 잘못인가? 아니면 집단 망각인가? 누가 여성들을 음악사에서 지워버렸는가? 이런 질문에는 딱 한 가지 대답만 있는 것이 아니다. 일부 연구되고 확인된 원인들을 종합하면 이런 중요한 망각에 대한 답을 제시할 수 있을 것이다.

우리는 이 책 전체에 걸쳐 가부장제와 특정 시대의 강렬한 여성 혐오가 음악에서 여성의 중요성을 최소화하고(독자적인 피아노 연주법을 뺏긴 엘렌 드 몽제루), 여성의 진출을 차단하고(남동생의 이름으로 발표할 수밖에 없었던 파니 헨셀), 그들의 창작물(마드무아젤 르 세네샬 드 케르카도의 오페라는 여성 작곡가의 이름이 공개되자 혹평을 받았다)이나 혹은 연주(오케스트라에 합류하기 위한 여성 연주자들의 투쟁)의 정당성을 앗아 버리는 데 기여했다는 사실을 확인했다. 금지의 공식적인 이유는 종교적 이유부터 악기에 대한 도덕적 또는 임상적 이유에 이르기까지 잡다하고 다양할 뿐 아니라 모호하지만, 여성 음악가 및 작곡가에게 자리를 내어주길 거부했던 남성 세계 전체도 한 가지 이유였다. 파리음악원 내부 규정 변화가 이를 암시한다. 파리음악원은 1795년 창설될 때부터 여학생들에게 문호를 개방하지만, 특정 수업을 여성들에게 금지했고, 여성의 수가 많아지는 것을 막기 위해 아주 빠르게 쿼터를 설정했다. 여성들은 오르간 수업에서 학생 수의 4분의 1을 넘을 수 없었으며, 피아노 수업에 대한 여성의 수요가 폭발적으로 증가할 때도, 남녀 각 두 개의 수업에 각각 열다섯 명만 들어갈 수 있었다. 그 이후로 몇 년 동안 여성 지원자 수는 계속 증가했

다. 19세기 중반 파리음악원은 한발 물러서서 여학생들을
위한 피아노 수업을 네 개 반 개설한다. 반면 남학생 반은 두
개 반이었다. 1889년에는 여학생 238명이 이 수업에 들어
가려고 경쟁한 반면, 남학생 수는 49명에 그쳤다.

　최고 권위를 자랑하는 파리음악원에서 피아노를 배우
는 학생은 수적으로 상당히 많을 뿐 아니라 다양한 상도 많
이 받는다. 20세기 초는 여성 연주자나 작곡가 들에게 비교
적 즐거운 전망을 제시했다. 그러나 언론과 음악 평론가는
끊임없이 음악을 젠더에 연결했다. 음악계에 등장하는 모
든 새로운 여성 이름은 면밀히 조사하고 분석했는데, 관대
하게 대하는 경우는 거의 없었다. 언론인과 비평가 들은 자
신들이 여성적인 스타일일 것이라고 생각했던 것에서 멀어
지는 느낌이 들면, 놀라서 가부장적인 태도로 여성 작곡가
나 연주자 들의 작업을 면밀히 살핀다. 가령 릴리 불랑제는
소심하고 불안정하다고 평가하고, 제르멘 타유페르Germaine
Tailleferre는 "가장 세련된 의미에서 소녀 취향의 음악, '좋은
느낌이 드는' 음악이라고 말할 때처럼 풋풋함"이 느껴지는
음악을 작곡했다고 평가한다. 오귀스타 오메에 대해서는 이
렇게 평가했다. "드물고 고귀한 성향을 갖춘 이 여성이 열망
했던 최고의 미덕은 남성다움처럼 보인다. 그리고 (…) 이
여성에게 가장 위험한 요소는 연약한 힘이 아니라 과장된

힘에 있다." 달리 말해 그들에게 음악은 부드럽고 감각적이
고 가벼운 여성 음악과, 씩씩하고 강렬하고 야망 있는 남성
음악으로 나뉘며, 이 둘은 비교 불가능하다. 오늘날 음악에
성별이 없다고 말하는 것은 대다수 여성 창작자가 겪었던
일을 외면하는 것이자, 때때로 오늘날의 여성 작곡가들도
계속해서 겪는 일을 외면하는 것이다. 노래를 하든, 연주를
하든, 지휘를 하든 여성이라면 이런 문제에서 벗어날 수 없
다. 이 여성들의 옷차림, 몸짓, 남성스러움이나 여성스러움
은 때때로 가장 중요시해야 할 음악보다 기사에서 더 많이
다뤄진다.

여성을 지우는 또 다른 요인은, 오늘날에도 여전히 여성 작
곡가를 어김없이 단지 이름으로만 호명한다는 것이다. 남
성의 경우에는 절대 그럴 수 없을 것이다. 6인 그룹Groupe
des Six⁺의 구성원을 이야기할 때 남성들인(조르주 오리크
Georges Auric, 루이 뒤레Louis Durey, 아르튀르 오네게르Arthur
Honegger, 다리우스 미요Darius Milhaud, 프랑시스 풀랑크Francis
Poulenc)는 존중의 의미를 담아 그들의 성으로 부르지만, 여
성인 제르멘 타유페르의 경우에만 '제르멘'이라는 이름으

---

⁺ 1916년에서 1923년 사이에 결성된 여섯 명의 작곡가 그룹으로 공동으로 작
업을 하기도 했다. 장 콕토와 에릭 사티에게서 많은 영향을 받았다.

로 부른 일이 도대체 얼마나 자주 있었던가?

　이제 20세기 음악계에서 제르멘 타유페르의 역할을 몇 구절로 상기할 때다. 그녀는 시작부터 평탄하지 못했다. 그녀의 아버지는 "내 딸이 음악원을 다니는 것이나 거리에서 몸을 파는 것이나, 같은 짓이다"라며 강력하게 반대했다. 그러나 신념과 재능 그리고 끈기로 제르멘 타유페르는 6인 그룹에 유일한 여성으로 참여하면서 인정받기 시작한다. 6인 그룹은 우정을 바탕으로, 드뷔시가 이끌었던 인상주의와 바그너풍에 반대하는 예술가들이 만든 모임이다. 장 콕토Jean Cocteau, 기욤 아폴리네르Guillaume Apollinaire, 마리 로랑생Marie Laurencin, 폴 엘뤼아르Paul Eluard와 같은 유명한 인물들이 이 그룹과 교류했다. 제르멘 타유페르는 1926년 미국 만화가 랠프 바턴Ralph Barton과 결혼함으로써 자유롭고 열정적인 창작 활동을 하던 환경에서 떨어져 고립된다. 질투와 소유욕이 강한 바턴은 아내가 찰리 채플린의 영화「서커스Le Cirque」의 음악 작곡을 못 하게 막았다. 한편 이 부부가 프랑스로 돌아왔을 때, 타유페르가 임신한 사실을 알자마자 바턴은 그녀를 거칠게 위협했다.

　실내악, 오페라, 소나타 및 콘체르토로 이루어진 뛰어난 작품 목록에도 불구하고, 제르멘 타유페르의 음악은 결코 진지하게 받아들여 질 수 없을 것이다. 1954년 라디오 방송

에서 한 작곡가 프랑시스 풀랑크의 말을 들어 보면, 그녀는
남성과 같은 방식으로 고려되지 않았음을 알 수 있다. 풀랑
크는 6인 그룹의 작곡가를 차례로 검토하면서 그들의 뛰어
난 지적 능력과 음악에 대한 무한한 지식에 경의를 표했고,
이제 이 그룹의 여성 작곡가를 언급할 차례였다. "1917년
파리음악원에서 받은 상으로 가득 찬 가방을 들고 있는 우
리의 제르멘은 얼마나 사랑스러운지 몰라요. 참으로 매력적
이고 재능이 풍부했죠. 매번 엄청난 재능을 보였어요. 하지
만 마리 로랑생 같은 예술가처럼 자기 안에서 여성적인 천
재성을 끌어내지 못한 점은 가끔씩 유감스러워요. 그럼에도
불구하고 제르멘 타유페르의 음악이 얼마나 매력적인 기여
를 했는지는 분명합니다." 제르멘 타유페르의 재능을 판단
하기 전에 매혹적이고 친근한 사람임을 먼저 이야기해야 했
다. 하지만 그녀는 파리음악원에서 학업을 이어 가기 위해,
또 다른 한편으로는 자신의 성을 바꾸기 위해 끊임없이 아
버지와 맞섰다(부모의 성은 타유페스Taillefesse⁺였으니 이해
할 만하다). 이 정도로 제르멘 타유페르는 대단한 성격이다.
그녀의 작품이 완전히 잊힌 것은 아니다. 2017년에는 제르
멘 타유페르의 작품이 바칼로레아의 선택 과목인 음악 시험

---

⁺ Taillefesse는 사이즈를 의미하는 taille와, 엉덩이를 의미하는 fesse로 이루어
진 단어로도 볼 수 있다.

의 출제 프로그램에 포함되었으니까.

결혼 때문에, 혹은 이름으로 여성을 부르는 관습 때문에 박탈당한 여성의 성은 연구를 복잡하게 만든다. 1970년대 페미니즘 운동이 진행되는 과정에서, 인내를 요하는 발굴에 착수한 몇몇 음악학자는 이러한 어려움에 맞닥트렸다. (이혼은 염두에 두지 않더라도) 시간이 흐르며 성이 바뀌었는데 본래 성으로 작품을 수집할 때 특히 더 그러했다.

모든 여성이 다 그렇지는 않았다. 릴리 불랑제, 멜 보니스, 오귀스타 오메, 세실 샤미나드와 19세기 말의 그 밖의 다른 위대한 여성들의 작품을 어렵지 않게 찾을 수 있었으니까. 그럼에도 이 여성들은 왜 잊혔을까? 당연히 성 때문이 아니다. 그 여성들의 작품은 가장 권위 있는 오케스트라에서 연주되었고 가장 큰 홀에서 박수를 받았기 때문에 정당성 문제라고 할 수도 없다. 분명히 그들의 재능 때문도 아니다. 우리에게 남은 악보들은 새로운 녹음이나 새로운 콘서트에서 매번 그 재능을 증명하고 있다.

그 대답은 음악이 아니라, 역사가 기록되는 방식에서 찾아야 한다. 플로랑스 로네는 20세기 초에 학문으로 음악학이 출현한 것을, 음악사와 그것을 기록하는 방식에서 하나의 전환점이라고 생각한다. 학문적 접근 방식을 채택함으로써 음악학은 대다수 여성 작곡가를 완전히 배제하면서, 중요하다고 여겨지는(대체 어떤 기준으로?) 작품과 남성 작곡가를 정당화했다. 음악사를 다룬 사전과 기사, 저서를 면밀히 조사하며 플로랑스 로네는 19세기와 20세기 사이에 여성들이 이야기와 프로그램에서 사라져 버린 것을 확인했다.

　클래식 음악에서 여성이 없었던 적은 결코 없었다. 여성들은 항상 거기에 있었지만 때로는 암묵적으로 존재했다. 역사를 창조하고, 해방되고, 음악이라는 삶에 온전히 참여할 수 없었기 때문이다. 몇몇 여성은 그럴 수 있는 수단을 갖고 있었지만(프랑스 여성들만 인용한다면 엘리자베스 자케 드 라게르, 엘렌 드 몽제루, 루이즈 파렝) 그 여성들은 지워졌다. 사전을 찾아보면 루이즈 파렝은, "피아니스트이자 작곡가, 음악원의 피아노 교수"(1872, 『19세기의 잡학대사전』)라 쓰여 있다가 1999년에는 남편의 성을 붙이고, 그저 "피아니스트"(『라루스 사전』)로 바뀌었다고, 플로랑스 로네가 『여성 작곡가들, 행위의 평등Compositrices, l'égalité en actes』에서 분석했다. 우선 여성 음악가의 존재에 대한 증거를 찾아야만 했다. 1970년대부터 시작된 여성 작곡가들에 대한 재평가 운동이 음악사 전체를 수정했다. 학술 활동이 수행되고, 6000개가 넘는 이름이 수록된, 애런 코헨Aaron Cohen이 쓴 바이블이라 할 만한 『국제 여성 작곡가 백과사전I'International Encyclopedia of Women Composers』과 같은 새로운 사전이 나왔다.

앞으로 더 이상 되풀이되지 않도록 여성들이 지워진 이유도 강조해야만 한다. 편향된 역사를 다시 쓰려는 시도와 여성의 작업을 부각하려는 시도가 그렇게 최근에 벌어진 일이 아니기 때문이다. 예를 들어 1880~1890년대에는 여성 작곡가들에게 경의를 표하며 콘서트를 열어 여성 창작물에 높은 가치를 부여했다. 여성 음악가에게만 헌정된 페스티벌이 열리기도 했다. 한 세기가 지난 지금, 여성 작곡가들이 존재하기 위해서는 이러한 방식을 다시 따를 수밖에 없다. 1970년대 페미니즘 운동가들과, 오늘날 무대 위와 뒤에서 일하는 젊은 세대의 만남으로 우리는 마침내 음악사가 더 공정하게 기록되기를 바랄 수 있게 되었다.

'걸작'과 '천재'의 역사, 즉 남성으로 이루어진 역사는 계속해서 존재할 수 있지만, 이제는 여성도 포함해야 한다. 음악계도 변화해야 하며, 잊힌 악보들과 한쪽 유전자로 방향을 튼 사회 때문에 한쪽에 모아 둔 이름들을 다시 밖으로 꺼내야만 하기 때문이다. 음악은 새로운 음악과 새로운 이야기가 있어야만 풍요로워질 수 있다. 예술을 위해서뿐만 아니라 우리, 남성, 여성, 음악 애호가, 음악을 이제 알아가려는 사람, 예술가 혹은 그저 관심 있는 남녀를 위해서이기도 하다.

## 선곡 목록 6

릴리 라스킨이 연주한 클로드 드뷔시 「플루트, 비올라와 하프를 위한 소나타 Sonate pour flûte, alto, et harpe」

에설 스미스 「여성의 행진」

에설 스미스, 「미사 D 장조」

엘자 바렌, 이른바 보이나(Voïna, 러시아어로 전쟁을 의미)로 불리는 「심포니 2번」

제르멘 타유페르, 「바이올린과 피아노를 위한 아다지오 Adagio pour violon et piano」

엘리안 라디그 Éliane Radigue, 「죽음의 3부작 Trilogie de la mort」

요한나 막달레나 바이어, 「구체 음악」

카이야 사리아호, 「먼 곳의 사랑」

샤를로트 소이, 「교향곡 C # 단조 Symphonie en ut dièse mineur」

# 결론

어떻게 망각을 치유할 것인가? 언제부터 역사가 복구되었다고 말할 수 있을까? 그리고 다가올 미래에 무엇을 기대할 수 있을까? 이런 질문에 대답하기 전에 먼저 확인해야 할 사항이 있다. 음악에서 여성들이 수 세기 동안 겪어야 했던 배제, 금지, 평가 절하에도 불구하고, 여성들은 언제나 존재했다는 사실이다. 고대에서 오늘날까지 여성 음악가들의 역사를 추적한 이 책이 바로 그 증거다. 때로는 사포처럼 집단 기억속에서 결코 사라지지 않고 몇 세대에 걸쳐 모델이 되는 이름도 있다. 프랑스 남부 지방의 트로베리츠 혹은 이탈리아 바로크 시대의 여성 작곡가들처럼, 수녀였든 귀족이었든 망각 속으로 빠져들기 전에 역사의 구체적인 한 시기에 이름을 알린 집단도 있다. 프랑스 혁명기에도 마찬가지로 일시적으로 여성이 해방되어 여성 각본가와 작곡가의 이름이 프로그램에 등장하기도 했다.

　이러한 집단적 자유의 에피소드 외에도 여성 음악가들은

종종 예외적으로 등장했다. 예를 들어 중세의 신비로운 스타 힐데가르트 폰 빙엔, 루이 14세가 가장 좋아한 하프시코드 연주자 엘리자베스 자케 드 라 게르, 위대한 피아니스트 엘렌 드 몽제루가 각자의 시대에 홀로 빛을 발했다. 그러나 음악은 잊힌 여성 작곡가들의 운명만으로 정리되지 않는다. 이 이야기에 여성 가수와 연주자 들을 포함해야 한다. 우리가 늘 음악계에서 유일하게 인내해 온 여성들로 만든 여성 가수들의 신화(이는 사실이 아니다)에서 벗어남과 동시에 여성 연주자들의 투쟁을 강조해야 하기에. 오늘날 젊은 프랑스 여성 뤼시엔 르노뎅 바리Lucienne Renaudin Vary가 무대에서 트럼펫을 연주한다 해도 (거의) 누구도 충격을 받지 않지만, 항상 그렇지만은 않았기 때문이다. 여성 음악가는 연주자로서 자신의 탁월함을 입증해야 했고, 남성들만큼 가치 있음을 증명해야 했으며, 오랫동안 음악원과 오케스트라에 입학을 거부당했다.

마지막으로, 20세기에 갑자기 찾아 온 대붕괴, 즉 그토록 유망한 세기로 진입한 후 음악에서 여성이 거의 완전히 사라져 버린 일을 명확히 밝힐 필요가 있다. 지난 수십 년 동안 진전되긴 했으나 수 세기 동안 개선되어 온 성평등의 움직임을 따라가지 못한다. 성평등 운동은 기복이 있었고, 무엇보다 두 차례의 대전으로 엄청난 후퇴를 겪었는데, 이로 말미암아 오늘날 음악 프로그램 편성에서 여성의 비중이 손으로 꼽을 수 있을 정도로 적어졌다. 결코 이길 수 없는 시합이다. 그래서 투쟁하고, 긍정적이건 부정적이건 경험을 이야기할 필요가 있다. 여성이기 전에 자신이 창작자 혹은 연주자라고 생각하는 일부 여성은 불평등이라는 주제를 다루는 것을 아예 거부한다. 이와 반대로, 나는 남성이 지배하는 음악사에서 여성임을 의식하는 여성 예술가의 이야기를 더 많이 들을수록, 창작의 수단이나 허물어야 할 장벽을 그만큼 더 많이 상상해 낼 수 있으리라고 생각한다. 클래식 음악계에 여성이 존재하기까지 자연스럽고 명백한 과정을 거쳐 온 것이 아니다. 우리는 선구자들과 투쟁하는 여성들에 의지해야 했다. 페미니스트 활동과 작곡을 위해 여러 에설 스미스가, 오페라 무대에 흑인 여성이 올라 노래하기 위해 여러 매리언 앤더슨이, 오케스트라 지휘를 위해 여러 제인 에브라드가, 여성 첼리스트 세대를 위해서 여럿의 재클린 듀프레이가 필요했다.

　나는 이 책에서 한 단락, 심지어 한 장章까지 채울 가치가 있는 많은 여성 음악가를 계속 나열할 수 있지만 선택을 해야 했다. 다행히 이 책에 등장하지 않은 여성들은 다른 곳에서 볼 수 있다. 이 싸움을 나 혼자만 하는 것이 아닐 뿐만 아니라 무엇보다도 희망이 있다.

여성들의 대의를 지지하고, 여성들이 남긴 유산의 가치를 높이고, 모든 형태의 차별에 투쟁하고자 하는 새로운 세대가 등장했다. 음악을 공부하는 학생들은 여성 작곡가들의 이야기를 듣고, 그들의 작품들을 연주하고 싶어 한다. 여성 음악가들은 자신들이 직면할 수 있는 장애물에 대해 경고를 받으며 직업 음악가의 세계에 들어서며, 작곡가가 되고자 하는 여성들은 우리가 새롭게 조명하기 시작한 모델들에 자신들을 동일시할 수도 있다.

그럼에도 불구하고 새로운 세대에게는 또 다른 투쟁이 추가되었는데, 이 또한 아주 중요한 것으로 성폭력과 젠더에 기반한 폭력과 관련된 것이다. 이 재앙은 오랫동안 터부시되어 왔다. 얼마나 많은 사람의 경력이 공격과 위협, 괴롭힘, 강간 또는 협박으로 인해 중단되고 단축되고 축소되었을까? 수많은 사회를 뒤흔든 미투 운동에도 불구하고, 이런 이야기를 하는 것은 자유롭지 않다. 전문직 여성들이나 여대생들 그리고 책임 있는 위치에 있는 여성들뿐만 아니라 남성들도 이런 문제에서 예외는 아니었다. 클래식 음악계는 매우 폭력적인 이 시스템에서 벗어나기 위해 고군분투하고 있다. 이러한 투쟁과 오랫동안 특정인들이 자신의 권력이나 아우라를 이용해 짐승처럼 행동해 온 이 환경에서 대대적인 정화가 없다면 성평등에 대한 접근은 일어나지 않을 것이다.

적극적으로 참여하고 강한 의지를 보이는 이들이 온 힘을 다해 지지하고 있는 새로운 계획들을 중심으로 희망적인 사항들을 살펴보자. 프로그램에 여성 참가자 수가 적당한지 자체적으로 확인하는 페스티벌이라면 한 걸음 나아간 것이다. 새 앨범에 여성 작곡가의 작품을 한두 편씩 늘려 가기로 결정한 아티스트라면 앞서간 것이다. 음악원이나 음악을 가르치는 곳에서 일반적으로 남성의 이름을 부여한 연습실이나 강의실 이름을 여성의 이름으로 교체하는 곳이라면 또 한 걸음 더 나아간 것이다.

과거에 활동했던 여성 음악가들뿐만 아니라 여전히 생존해 있는 여성 음악가들의 투쟁의 여정을 조명하는 행사, 콘서트, 페스티벌, 원탁 토론, 이벤트, 전시회, 컨퍼런스 등이 많이 열리고 있다. 이는 음악을 하는 여성들에게 혼자가 아니라는 메시지를 전한다. 또 젊은이들에게는 밝고 야심 찬 미래를 꿈꿀 자격이 있다는 메시지를 전한다.

　미디어들도 그 나름의 방식으로 희망을 전달한다. 갈 길은 멀지만, 프랑스 라디오 방송 프로그램인 '프랑스 음악'의 안 샤를로트 레몽Anne-Charlotte Rémond과 같은 진행자들은

10여 년 전부터, 여성 작곡가들의 작품을 방송하고 있다. 여전히 간단한 일이 아니다. 때로는 녹음 파일이 희귀하고, 수 세기에 걸쳐 묻혀 있는 이름과 이야기를 찾는 데 시간이 걸리기 때문이다. 그러나 이런 모든 노력의 보상은 값지다. 이렇게 드러내면 신중하고 구체적이며 강력한 움직임을 유발하기 때문이다.

세심한 연구 없이는 미디어로 전파할 수 없다. 여성 작곡가들의 전기, 음악에서 여성에게 금지된 것에 관한 출판, 책, 학회, 조사, 논문 및 대학의 학술 활동 덕분에 이 책을 쓸 수 있었다. 이런 자료 속에서 항상 남성적으로 인식되어 온 분야에 대해 색다르고 결정적인 시선을 발견했다. 지금까지의 작업들은 사실 확인에 그치는 것이 아니라 새로운 이야기들을 만들 무한한 자원을 제공한다. 우리는 이러한 이야기들을 대학의 울타리 밖으로 널리 퍼뜨려야 한다. 소셜 네트워크에서 여성 작곡가들을 만나고, 영화로 표현된 과거의 연주자들을 보고, 무대에서 이 여성들의 음악과 운명을 들어야 한다. 이 책에 등장하는 인물들은 몇 줄이 아니라 훨씬 더 길게 설명할 가치가 있다. 이 이야기들이 널리 알려지고 공유되기를 희망한다.

이를 위해 우리는 의사 결정권자만큼이나 모든 분야의 예술가를 신뢰할 수 있어야 한다. 일부 여성은 경쟁보다 연대를 중시함으로써 이미 이러한 추진력에 참여하고 있다. 그러나 클래식 음악에는 동맹, 즉 자신들이 없으면 이 싸움이 이루어질 수 없다고 인식하는 남성들이 필요하다. 특히 그들 중 대다수가 현재 클래식 음악의 현재와 미래를 결정하는 책임 있는 위치에 있기에 더욱 필요하다.

내 마지막 희망은 이 책의 독자인 여러분에게 있다. 어쩌면 여러분은 어떤 여성 작곡가의 이름을 결코 들어 본 적이 없을 수도 있고, 어쩌면 반대로, 그 여성들의 작품을 아주 잘 알고 있거나, 그 작품들을 연주해 봤거나 들어 보았고, 연구했을 수도 있다. 어쩌면 여러분은 클래식 음악과 아무 관계가 없을 수도 있고, 아니면 반대로 클래식 음악에 친숙할 수도 있다. 어느 쪽이든 결국 상관없지만, 만약 여러분이 이 책을 읽고 어떤 작곡가의 작품을 듣고 싶고, 이런 주제에 관해 또 다른 책을 읽고 싶고, 어떤 음악가의 연주를 찾아 듣고 싶거나 혹은 어떤 가수의 목소리를 듣고 싶어졌다면, 새로운 클래식 음악의 역사를 쓰는 작업에 이미 한 걸음을 내디딘 것이다.

# 자료

주로 프랑스어로 된 온라인 자료 및 시청각 자료를 다음에
서 찾을 수 있다.

*L'Opéra et ses Zouz*, voir la série autour des composi- trices
baroques (chaîne YouTube)

---

*La Boîte à pépites* (chaîne YouTube)

*Cherchez la femme*, podcast sur les femmes et la musique de Flore
Benguigui (Tsugi Radio)

---

*Musicopolis*, émission produite par Anne-Charlotte Rémond
(France Musique)

*Musiciennes de légende*, émission produite par Marina Chiche
(France Musique)

*Pionnières*, émission produite par Clémentine Spiler (Radio Nova)

---

*ComposHer*, site d'informations autour des compositrices :
composher.com

*Demandez à Clara* (base de données en ligne de l'association
Présence compositrices) : presencecompo sitrices.com/
recherche-compositrice

---

La carte interactive des compositrices par la musicologue Sakira Ventura : svmusicology.com/mapa/

*Women Composers by Time Period* (frise chronologique dans le dictionnaire musical en ligne Oxford Music Online) : oxfordmusiconline.com/page/women- composers-by-time-period

---

*Musiciennes à Ouessant* (festival créé en 2001 (!) par Lydia Jardon)

*Présence compositrices* (festival, centre de ressources et de promotion)

*ELLES chantent, composent, dirigent* (festival à Vézelay)

*Journées du matrimoine* (organisées par les associa- tions HF)

*Plurielles 34* (association)

*Femmes et musique* (association)

---

*La Maestra*, concours réservé aux cheffes d'orchestre

---

*Paye ta note* ; *Paye ton opéra* ; *Change de disque* ; *Diva* ; *#MusicToo* : initiatives en ligne contre le sexisme dans le monde musical

# 참고문헌

## 일반도서

Simone de Beauvoir, *Le Deuxième Sexe*, Gallimard, 1949

Christine Détrez, *Les femmes peuvent-elles être de Grands Hommes?*, Belin, 2016

Geneviève Fraisse (dir.), *L'Exercice du savoir et la Différence des sexes*, L'Harmattan, 1991

Geneviève Fraisse, *Muse de la Raison. Démocratie et exclusion des femmes en France*, Gallimard, 1995

Geneviève Fraisse, *La Suite de l'histoire*, Seuil, 2019

Olivia Gazalé, *Le Mythe de la virilité. Un piège pour les deux sexes*, Robert Laffont, 2017

Florence Launay, « Les musiciennes : de la pionnière adulée à la concurrente redoutée. Bref historique d'une longue professionnalisation », *Travail, genre et sociétés*, 2008

Titiou Lecoq, *Les Grandes Oubliées. Pourquoi l'His-toire a effacé les femmes*, L'Iconoclaste, 2021

Laure Marcel-Berlioz, Omer Corlaix et Bastien Gallet (dir.), *Compositrices. L'égalité en acte*, CDMC et Éditions MF, 2019

---

Susan McClary, *Ouverture féministe. Musique, genre, sexualité* [1991], tr. C. Deutsch et S. Roth, Philharmonie de Paris, 2015

Linda Nochlin, *Pourquoi n'y a-t-il pas eu de grandes artistes femmes ?* [1971], tr. M. Rietsch, Thames & Hudson, 2021

Aline Tauzin (dir.), *Musique, femmes et interdits*, Ambronay Éditions, 2013

Mélanie Traversier et Alban Ramaut (dir.), *La musique a-t-elle un genre ?*, Éditions de la Sorbonne, 2019

Caroline Giron-Panel et Catherine Deutsch (dir.), *Pratiques musicales féminines. Discours, normes, représentations*, Symétrie, 2016

Caroline Giron-Panel, Sylvie Granger, Raphaëlle Legrand et Bertrand Porot (dir.), *Musiciennes en duo. Mères, filles, sœurs ou compagnes d'artistes,* Presses universitaires de Rennes, 2015

Michelle Perrot, *Les Femmes ou le Silence de l'Histoire*, Flammarion, 1998

Évelyne Peyre et Joëlle Wiels, « De la "nature des femmes" et de son incompatibilité avec l'exercice du pouvoir : le poids des discours scientifiques depuis le xviiie siècle », *Les Cahiers du CEDREF*, 1996

Évelyne Pieiller, *Musique maestra. Le surprenant mais néanmoins véridique récit de l'histoire des femmes dans la musique du xviie au xixe siècle*, Plume, 1992

Reine Prat, *Exploser le plafond. Précis de féminisme à l'usage du monde de la culture*, Rue de l'Échiquier, 2021

Hyacinthe Ravet, *Musiciennes. Enquête sur les femmes et la musique*, Autrement, 2011

Hyacinthe Ravet et Marlaine Cacouault-Bitaud, « Les femmes,

les arts et la culture. Frontières artistiques, frontières de genre »,
*Travail, genre et sociétés*, 2008

Tara Rodgers, *Pink Noises: Women on Electronic Music and Sound*,
Duke University Press, 2010

Danielle Roster, *Les Femmes et la Création musicale. Les
compositrices européennes du Moyen Âge au milieu du xxe siècle*, tr. D.
Modigliani, L'Harmattan, 1998

Alex Ross, *The Rest Is Noise. À l'écoute du xxe siècle. La modernité en
musique*, tr. L. Slaars, Actes Sud, 2010 Émile Vuillermoz, *Histoire
de la musique*, Le Livre de poche, 1949

Virginia Woolf, *Une chambre à soi* [1929], tr. Clara Malraux,
Denoël, 1977

## 이름과 얼굴

Delphine Aguilera, *Femmes poètes du Moyen Âge. Les trobairitz*,
L'Harmattan, 2012

José Miguel Lorenzo Arribas, « Mères, muses et reli- gieuses :
transmission musicale et magistère féminin au Moyen Âge », tr. M.
Yusta, *Clio. Histoire, femmes et sociétés*, 2002

Pierre Bec, *Chants d'amour des femmes-troubadours*, Stock, 1995

Hildegarde de Bingen, *Les Causes et les Remèdes*, Jérôme Million,
2015

Meg Bogin, *Les Femmes troubadours*, tr. J. Faure- Cousin, Denoël/
Gonthier, 1978

Stéphane Bouquet et Rosaire Appel, *Sappho*, Philhar- monie de Paris, 2021

Claude Calame, « La poésie de Sappho aux prises avec le genre : polyphonie, pragmatique et rituel (à propos du fr. 58b) », *Quaderni Urbinati Di Cultura Classica*, Fabrizio Serra Editore, 2013

Catherine Deutsch, « Musique et *eccellenza delle donne* : les musiciennes dans les catalogues de femmes illustres en Italie, de Boccace à Cristofano Bronzini », dans *Revisiter la « querelle des femmes ». Discours sur l'égalité/inégalité des sexes en Europe, de 1400 aux lendemains de la Révolution*, Presses universitaires de Saint-Étienne, 2011

Pascale Fautrier, *Hildegarde de Bingen. Un secret de naissance*, Albin Michel, 2018

Beat Föllmi, « "L'ennemi est tombé, vaincu par une femme." : La compositrice byzantine Kassia (ixe siècle) et ses hymnes », dans *3e colloque des Journées de musiques anciennes. « Elles. Musique et féminités »*, 2015

Aurore Guillemette et Aurélien Clause, *Sapphô, la dixième muse. Traduction de l'intégralité des frag- ments saphiques*, Guillemette, 2016

Ana Iriarte, « Chanter, enchanter en Grèce ancienne. À propos de Sappho, femme poète et dixième muse », *Clio. Histoire, femmes et sociétés*, 2007

Martine Jullian, « Images de trobairitz », *Clio. Histoire, femmes et sociétés*, 2007

William D. Paden, *The Voice of the Trobairitz. Perspectives on the Women Troubadours*, University of Pennsylvania Press, 1998

Isabelle Ragnard, *Musiciennes en duo. Les jongleresses au Moyen Âge : seules ou accompagnées ?*, Presses universitaires de Rennes, 2015

Yvonne Rokseth, « Les femmes musiciennes du xiie au xive siècle », *Romania*, t. 61, no 244, 1935

Sernin Santy, *La Comtesse de Die : sa vie, ses œuvres complètes, les fêtes données en son honneur, avec tous les documents*, Alphonse Picard et fils, 1893

Katherine Schneider, « Bold, Beautiful, and Byzantine: A Brief Study of the Life and Poetry of Kassia the Nun », sur le site *Mezzo Cammin*

Christophe Vendries, « Masculin et féminin dans la musique de la Rome antique », *Clio. Histoire, femmes et sociétés*, 2007

## 바로크의 스타들

Catherine Cessac, *Élisabeth Jacquet de La Guerre. Une femme compositeur sous le règne de Louis XIV*, Actes Sud, 1995

Suzanne G. Cusick, *Francesca Caccini at the Medici Court: Music and the Circulation of Power (Women in Culture and Society)*, University of Chicago Press, 2015 Caroline Giron-Panel, « Enfants prodiges, génies en devenir : former les enfants à la musique dans les *ospe- dali* de Venise (xviie-xviiie siècle) », *Mélanges de l'École française de Rome. Italie et Méditerranée modernes et contemporaines*, 2011

Martin Jarvis, *Written by Mrs Bach: The Amazing Disco- very That Shocked the Music World*, ABC Books, 2011 Alex Ross, « The Search for Mrs. Bach », *The New Yorker*, 2014

Élisabeth Vigée-Le Brun, *Souvenirs*, Antoinette Fouque, 2005

## 고전주의의 혁명가들

Patrick Barbier, *Histoire des castrats*, Grasset, 1989 Catherine Buser et Francesco Biamonte, « Le xviiie, époque bénie pour les compositrices d'opéra », propos recueillis dans l'émission *Versus-écouter*, RTS Culture, 2018

Rita Charbonnier, *La Sœur de Mozart*, Seuil, 2006 Denis Diderot, *Sur les femmes*, 1772

Jérôme Dorival, *Hélène de Montgeroult. La Marquise et la Marseillaise*, Symétrie, 2006

Michèle Friang et Pierrette Germain, *Louise Bertin, compositrice, amie de Victor Hugo*, Delatour France, 2019

Albert La France, « Les femmes musiciennes sous les Bourbon d'après les documents inédits de Marie Bobillier », *Revue de musique des universités cana- diennes*, 1995

Florence Launay, « L'éducation musicale des femmes au xixe siècle en France. Entre art d'agrément, accès officiel à un enseignement supérieur et professionna- lisation », dans *Genre & Éducation. Former, se former, être formée au féminin*, Presses universitaires de Rouen et du Havre, 2009

Jacqueline Letzter et Robert Adelson, *Écrire l'opéra au féminin. Compositrices et librettistes sous la Révolution française*, Symétrie, 2017

Wolfgang Amadeus Mozart, *Correspondance complète*,

Flammarion, 2011

Christine de Pas, *Madame Brillon de Jouy et son salon. Une musicienne des Lumières, intime de Benjamin Franklin*, Petit Page, 2014

Anne-Marie Polome, « Maria Anna Walburga Ignatia Mozart, la sœur de Mozart », sur le site *Crescendo Magazine*, 2020

Constance de Salm, *Épître aux femmes*, Desenne, 1797 Mélanie Traversier, *L'Harmonica de verre et Miss Davies. Essai sur la mécanique du succès au Siècle des Lumières*, Seuil, 2021

Frances White, « The Quiet Genius of Maria Anna Mozart », sur le site *History Answers*, 2019

## 낭만주의 시대의 여전사들

Jeanne Brochot, *Mel Bonis. Souvenirs et réflexions*, Nant d'Enfer, 1974

Catherine Clément, *L'Opéra ou la Défaite des femmes*, Grasset, 1979

Abbie Conant, « Making Statements: An Interview with Abbie Conant », sur le site *BrassChicks.com*, 2018

Katharine Ellis, « The Fair Sax: Women, Brass-Playing and the Instrument Trade in 1860s Paris », *Journal of the Royal Musical Association*, 1999

Michèle Friang, *Augusta Holmès ou la Gloire interdite. Une femme compositeur au xixe siècle*, Autrement, 2003

Louise Héritte de La Tour, *Une famille de grands musiciens. Souvenirs sur García, Pauline Viardot, la Malibran, Louise Héritte-Viardot et leur entourage*, Stock, 1923

Étienne Jardin (dir.), *Mel Bonis. Parcours d'une compo- sitrice de la Belle Époque*, Actes Sud et Palazzetto Bru Zane, 2020

Florence Launay, *Les Compositrices en France au xixe siècle*, Fayard, 2006

Catherine Legras, *Louise Farrenc, compositrice du xixe siècle. Musique au féminin*, L'Harmattan, 2003 Catherine Lépront, *Clara Schumann. La vie à quatre mains*, Robert Laffont, 1988

Alma Mahler, *Ma vie*, Hachette, 1960

Alma Mahler, *Journal intime*, Payot & Rivages, 2010 Jean-Marc Proust, « Échafaud pour sopranos », *Slate*, 2010

Hyacinthe Ravet, *Musiciennes. Enquête sur les femmes et la musique*, Autrement, 2011

Nancy B. Reich, *Clara Schumann: The Artist and the Woman*, Cornell University Press, 1985

Catherine Sauvat, *Alma Mahler. Et il me faudra tou- jours mentir*, Payot & Rivages, 2009

Alphonse Sax, *Gymnastique des poumons. La musique instrumentale au point de vue de l'hygiène et la créa- tion des orchestres féminins*, Sax, 1865

Clara et Robert Schumann, *The Complete Correspon- dence of Clara and Robert Schumann*, Peter Lang, 1996

Hélène Seydoux, *Les Femmes et l'Opéra*, Ramsay, 2004 Françoise

Tillard, *Fanny Hensel, née Mendelssohn Bartholdy*, Symétrie, 2007

## 자신만만한 현대음악가들

Marian Anderson, *My Lord, What a Morning: An Autobiography*, Viking Press, 1956

Alicia Ault, « How Marian Anderson Became an Iconic Symbol for Equality », *Smithsonian Magazine*, 2019 Adam Gustafson, « The Story of Elizabeth Taylor Greenfield, America's First Black Pop Star », sur le site *The Conservation*, 2017

Laura Hamer, « On the Conductor's Podium: Jane Evrard and the Orchestre Féminin de Paris », *The Musical Times*, 2011

Bruno Monsaingeon, *Mademoiselle. Entretiens avec Nadia Boulanger*, Vandevelde, 1981

Maria Noriega Rachwal, « Feminizing the Stage: Early Lady Orchestras and Their Maestras », *The Kapralova Society Journal*, 2016

Jérôme Spycket, *À la recherche de Lili Boulanger*, Fayard, 2004

## 20세기의 손실

Marina Chiche, *Musiciennes de légende. De l'ombre à la lumière*, First, 2021

Peter Feuchtwanger, « The Perfect Clara Haskil », sur le site de l'auteur, 2000

Laura Hamer, *Female Composers, Conductors, Perfor- mers: Musiciennes of Interwar France, 1919-1939*, Routledge, 2018

Christian Merlin, *Au cœur de l'orchestre*, Pluriel, 2015 New York Philharmonic Archives, « Women Pioneers of the NY Phil », *Arts and Culture*, 2020

William Osborne, « Art Is Just an Excuse: Gender Bias in International Orchestras », *IAWM Journal*, 1996 Hyacinthe Ravet, « L'accès des femmes aux professions musicales. L'entrée dans les orchestres sympho- niques », *L'Observatoire*, no 44, 2014

Ethel Smyth, *Impressions That Remained: Memoirs of Ethel Smyth*, Reads Books Libri, 2007

# 감사의 말

무엇보다도 2019년 11월 첫 점심 식사 이후 진행된 모든 일에 대해 제 편집자 멜리 쉥에게 큰 감사를 표합니다. 이 책을 위해 아주 소중한 도움을 주고 신뢰를 보여 주어 감사합니다. 이 책과 관련된 학위 논문, 도서, 연구의 저자들과 학술 대회에 참여한 분들께도 감사드립니다. 여러분들의 연구 활동이 대양에 떨어진 한 방울의 물방울이라고 생각한다면, 그것은 아마도 사실일 것입니다. 하지만 여러분 덕분에 저는 그 대양 속으로 들어갈 수 있었고, 또한 이 책을 쓸 수 있었습니다.

지난 2년간 (2년 밖에 안 되었다고 ?) 나의 감정 기복을 인내해 준 친구들에게도 감사의 인사를 전합니다. 특히 쥘리에트 프리포, 소니아 뱅 롱단느, 카롤린 로뇨네, 노에미 포드뱅, 모르간 리샤르, 라에티시아 드니, 비오레트 모렐, 쥘리에트 클리코, 폴린 포르, 롤리타 리베 그리고 플로워볼을 함께 한 친구들에게도. 함께 조깅을 하고 활발한 토론을 해 준

테오 에추, 마르탱 카도레, 올리비에 리프랑에게도.

언제나 한결같은 사랑과 지지를 보여 준 나의 가족에게도 특별히 감사의 인사를 전합니다.

'프랑스 뮈지크' 방송사의 전 동료들을 비롯해서 현재 동료들에게도 감사합니다. 저녁 모임과 커피 그리고 꽃까지 선물해 준 나탈리 몰러와 소피아 아나스타지오에게도 감사의 인사를 전합니다.

샤를로트 지노스라시크, 그레구와르 포르테 그리고 나의 동생 페르린, 이 원고를 읽어 줘서 고맙습니다.

'평등L(')Égalité'과 '반항하는 음악Musique en sororité' 모임의 멋진 여성 친구들과 함께한 월요일 저녁의 줌 미팅에서 의견을 나눠 줘서 고맙습니다.

끝으로 과거와 오늘날의 모든 여성 음악가들에게 감사를 표합니다. 당신들은 혼자가 아닙니다. 결코 혼자로 남겨지지 않을 것입니다.

# 추천의 말

음악이 시작된 이후 지금까지. 세상이 의도적으로 숨긴 천재 집단이 있다. 바로 여성 음악가들이다. 우리에게는 음악사나 음반, 음악회에 등장하는 작품만으로도 평생 다 들을 수 있을까 싶을 정도로 많은 음악이 있다. 하지만 그 음악은 대부분 백인 남성이 작곡하고 지휘했다. 알려지지 않은 여성들의 음악이 그만큼 많다면, 믿을 수 있을까? 세상의 주도권을 잡은 이들에 가려진 음악 세계는 어떨까?

이 책 『모차르트는 여성이었다』는 그 세계를 향해 문을 활짝 연다. 불공평한 세상에서 한 줌도 되지 않는 행운을 향해 미친 듯이 달려온, 그리고 여전히 달리는 중인 수많은 여성 음악가를 소개한다. 엄숙과 경건으로 선을 그은 교회 안에서 신을 향한 뜨겁고 화려한 사랑을 노래한 힐데가르트 폰 빙겐, 여성 예술가를 유녀遊女 취급하는 세상을 비웃으며 압도적인 실력으로 당대에 가장 많은 음악을 남긴 바르바라 스트로치, 남편의 음악 활동을 위해 살림과 육아에 전념했음에도 천재성을 감출 수 없었던 클라라 슈만을 비롯해, 자기 이름을 숨기고 남편이나 남자 형제의 이름으로 음악을 내어놓을 수밖에 없었던 수많은 여성 모차르트가 책에 담겼다. 섬세하고 통찰력 있는 음악학자의 시선을 통해 두 배로 확장된 음악 세계는 그동안 감춰졌던 경계 너머의 감각과 차원이 다른 감정으로 우리를 이끈다.

**세계의 잃어버린 반쪽을 들을 시간이 왔다.**

"악보에 감정을 탁월하게 옮기기 위해서는 그 감정을 직접 느껴 봐야 한다. 사랑에 대한 환멸, 지원 부족과 실현 불가능성에도 강렬하게 솟아오르는 창작 욕구, 어머니와 아내로서의 정신적 부담감을 경험한 여성 작곡가들은 이런 감정을 작품에 고스란히 담아낸다." (145~146쪽)

송은혜

**감수 | 송은혜**

한국과 미국, 프랑스에서 오르간, 하프시코드, 음악학, 피아노, 반주를 공부했고 지금은 프랑스 렌 음악대학과 렌 시립음악원에서 학생들을 가르친다. 트위터에서 동네 음악 선생(@enie_latente)으로 활동하며 음악과 이방인의 삶에 관해 사람들과 소통한다. 지은 책으로 『음악의 언어』, 『일요일의 음악실』이 있다. 풍월당에서 만드는 비정기 간행물 〈풍월한담〉에서 '음악의 마들렌'을 연재 중이다.

옮긴이 김계영

한국외국어대학교와 동 대학원을 졸업하고 파리 소르본 대학교에서 18세기 프랑스 문학에 관한 연구로 박사 학위를 받았다. 프랑스 문학과 문화, 서양 근현대문학에 대한 강의를 계속하며 문학과 예술 전반에 대한 연구와 번역 작업을 병행하고 있다. 지은 책으로 『청소년을 위한 서양 문학사』(상, 하) 『문체론 용어사전』(공저)이 있으며, 옮긴 책으로는 『앨리스』 『달랑베르의 꿈』 『키는 권력이다』 『마르셀 뒤샹』(공역) 『사랑에 빠진 악마』 『불쾌한 이야기』 『관용, 세상의 모든 칼라스를 위하여』 등이 있다.

옮긴이 고광식

한국외국어대학교와 동 대학원을 졸업하고, 파리 8대학에서 「프랑스어와 한국어의 비교 관점에서 본 한정화 전략」으로 박사 학위를 받았다. 한국외국어대학교에서 프랑스 기호학, 프랑스어 작문 등을 가르치고 있다. 지은 책으로는 『문체론 용어사전』(공저)이 있으며, 옮긴 책으로 『하나일 수 없는 역사』 『르몽드 환경 아틀라스』 『자유론』 『방법서설』 『카인』 『마르셀 뒤샹』(공역) 『남자답지 않을 권리』 등이 있다.

## 모차르트는 여성이었다

초판 1쇄 발행  2024년 6월 27일

지은이  알리에트 드 라뢰
옮긴이  김계영 고광식

펴낸이  윤석헌
편집  김선아 김은화
디자인  강혜림
제작처  세걸음

펴낸곳  레모
출판등록  2017년 7월 19일 제 2017-000151 호
주소  서울시 서초구 서초대로 33길 99, 201호
전자우편  editions.lesmots@gmail.com
인스타그램  @ed_lesmots

ISBN  979-11-91861-30-3  03670